大方廣佛華嚴經

일러두기

1. 『대방광불화엄경 강설』원문原文의 저본底本은 근세에 교정이 가장 잘 되었다고 정평이 나 있는 대만臺灣의 불타교육기금회佛陀教育基金會에서 출판한 『화엄경소초華嚴經疏鈔』본입니다.

2. 『대방광불화엄경 강설』은 실차난타實叉難陀가 695년부터 699년까지 4년에 걸쳐 번역해 낸 80권본卷本『대방광불화엄경』을 우리말로 옮기고 강설을 붙인 것입니다.

3. 『대방광불화엄경』은 애초 산스크리트에서 한역漢譯된 경전이지만 현재 산스크리트본은 소실된 상태입니다. 산스크리트를 음차한 경우 굳이 원래 소리를 표기하려고 하기보다는 『표준국어대사전』이나 『불교사전』등에 등재된 한자음을 사용하는 것을 원칙으로 하였습니다.

4. 경문의 한글 번역은 동국역경원본을 참고하여 그대로 또는 첨삭을 하며 의미대로 번역하고 다듬었습니다.

5. 각 품마다 내용에 따라 단락을 나누고 제목을 달았습니다. 단락의 제목은 주로 청량淸凉스님의 견해에 기초하였고 이통현李通玄장자의 견해를 참고로 하였습니다.

6. 『대방광불화엄경 강설』의 발행 순서는 한역 경전의 편재 순서를 기준으로 하였고 각 권은 단행본 한 권씩으로 출간될 예정이며 모두 80권으로 완간됩니다. 다만 80권본에 빠져 있는 「보현행원품」은 80권본 완역 및 강설 후 시리즈에 포함돼 추가될 예정입니다.

7. 『대방광불화엄경 강설』안에서 불교용어를 풀이한 것은 운허스님이 저술하고 동국역경원에서 편찬한 『불교사전』을 인용하였습니다.

8. 각주의 청량스님의 소疏는 대만에서 입력한 大方廣佛華嚴經 사이트의 것을 사용하였습니다.

9. 『대방광불화엄경 강설』입법계품에 들어가는 문수지남도는 북송北宋시대 불국佛國선사가 선재동자가 53명의 선지식을 친견하여 법을 구하는 장면을 하나하나 그림으로 그린 것입니다.

대방광불화엄경 강설
제 62 권

三十九. 입법계품入法界品 3

실차난타實叉難陀 한역
무비스님 강설

서문

문수보살의 미묘한 지혜는 맑고 밝은 태양이어라.
중생들을 크게 불쌍히 여기는 마음은
미치지 않는 데가 없는 원만한 바퀴가 되어
중생들의 번뇌의 바다를 다 말려 버리시나니
부디 저희들을 살펴 주소서.

문수보살의 미묘한 지혜는 맑고 밝은 달님이어라.
중생들을 크게 인자하게 여기는 마음은
때가 없는 바퀴가 되어
모든 이들을 남김없이 편안하게 하시나니
부디 저희들을 비춰 주소서.

문수보살의 미묘한 지혜는 온 법계를 통솔하는 왕이어라.
법의 보배로 길잡이 삼아 걸림이 없이 허공을 다니시나니
부디 저희들을 가르쳐 주소서.

문수보살은 복도 많고 지혜도 많은 대상大商의 주인이어라.
용맹하게 보리를 구하여 뭇 생명을 널리 이익하게 하나니
부디 저희들을 보호하여 주소서.

문수보살은 몸에는 인욕의 갑옷을 입고
손에는 지혜의 칼을 든 뛰어난 장군이어라.
무수한 마군들을 자재하게 항복받으시나니
부디 저희들을 구제하여 주소서.

문수보살은 법이 머무는 수미산 꼭대기이어라.
선정의 시녀들이 항상 모시어 미혹의 아수라를 소멸하시나니
제석천 대왕이여, 부디 저희들을 보살펴 주소서.

욕계와 색계와 무색계는 어리석은 범부의 집이요

미혹과 업은 지옥으로 가는 길의 원인이어라.
인자하신 문수보살께서 모두 조복하시나니
캄캄한 밤에 등불이 되어
부디 저희들이 가는 길을 밝게 비춰 주소서.

모든 나쁜 길이란 나쁜 길은 다 여의고
모든 착한 길이란 착한 길은 다 깨끗하게 하여
일체 세간을 초월하신 문수보살이시여,
부디 저희들에게 해탈의 문을 보여 주소서.

세상 사람들이 빠져 있는 뒤바뀐 고집인
항상하고 즐겁고 내가 있고 깨끗하다는 생각을
문수보살님은 지혜의 눈으로 모두 능히 떠나셨나니
부디 저희들에게 해탈의 문을 열어 주소서.

삿된 길과 바른 길을 잘 아시고
분별하는 마음 겁이 없으시나니
온갖 것 분명하게 다 아시는 문수보살님이시여,

부디 저희들에게 보리의 길을 보여 주소서.

문수보살님은 부처님의 바른 견해에 머물고
부처님의 공덕 나무를 기르며
부처님의 묘한 법의 꽃비 내리시나니
부디 저희들에게 보리의 길을 보여 주소서.

문수보살님이시여,
과거 미래 현재의 모든 부처님이 곳곳에 모두 다 두루 하여
마치 해가 세상에 뜬 것과 같으시나니
부디 저희들을 위하여 그 길을 말씀하여 주소서.

문수보살님이시여, 중생들의 온갖 업을 잘 아시고
업에 따라 가르치는 모든 수행의 길을 깊이 통달하셨나니
부디 저희들에게 대승의 가르침을 보여 주소서.

2017년 6월 1일
신라 화엄종찰 금정산 범어사

如天 無比

대방광불화엄경 목차

제1권	1. 세주묘엄품世主妙嚴品 [1]		제18권	18. 명법품明法品
제2권	1. 세주묘엄품世主妙嚴品 [2]		제19권	19. 승야마천궁품昇夜摩天宮品
제3권	1. 세주묘엄품世主妙嚴品 [3]			20. 야마천궁게찬품夜摩天宮偈讚品
제4권	1. 세주묘엄품世主妙嚴品 [4]			21. 십행품十行品 [1]
제5권	1. 세주묘엄품世主妙嚴品 [5]		제20권	21. 십행품十行品 [2]
제6권	2. 여래현상품如來現相品		제21권	22. 십무진장품十無盡藏品
제7권	3. 보현삼매품普賢三昧品		제22권	23. 승도솔천궁품昇兜率天宮品
	4. 세계성취품世界成就品		제23권	24. 도솔궁중게찬품兜率宮中偈讚品
제8권	5. 화장세계품華藏世界品 [1]			25. 십회향품十廻向品 [1]
제9권	5. 화장세계품華藏世界品 [2]		제24권	25. 십회향품十廻向品 [2]
제10권	5. 화장세계품華藏世界品 [3]		제25권	25. 십회향품十廻向品 [3]
제11권	6. 비로자나품毘盧遮那品		제26권	25. 십회향품十廻向品 [4]
제12권	7. 여래명호품如來名號品		제27권	25. 십회향품十廻向品 [5]
	8. 사성제품四聖諦品		제28권	25. 십회향품十廻向品 [6]
제13권	9. 광명각품光明覺品		제29권	25. 십회향품十廻向品 [7]
	10. 보살문명품菩薩問明品		제30권	25. 십회향품十廻向品 [8]
제14권	11. 정행품淨行品		제31권	25. 십회향품十廻向品 [9]
	12. 현수품賢首品 [1]		제32권	25. 십회향품十廻向品 [10]
제15권	12. 현수품賢首品 [2]		제33권	25. 십회향품十廻向品 [11]
제16권	13. 승수미산정품昇須彌山頂品		제34권	26. 십지품十地品 [1]
	14. 수미정상게찬품須彌頂上偈讚品		제35권	26. 십지품十地品 [2]
	15. 십주품十住品		제36권	26. 십지품十地品 [3]
제17권	16. 범행품梵行品		제37권	26. 십지품十地品 [4]
	17. 초발심공덕품初發心功德品		제38권	26. 십지품十地品 [5]

제39권	26. 십지품十地品 [6]		제58권	38. 이세간품離世間品 [6]
제40권	27. 십정품十定品 [1]		제59권	38. 이세간품離世間品 [7]
제41권	27. 십정품十定品 [2]		제60권	39. 입법계품入法界品 [1]
제42권	27. 십정품十定品 [3]		제61권	39. 입법계품入法界品 [2]
제43권	27. 십정품十定品 [4]		**제62권**	**39. 입법계품入法界品 [3]**
제44권	28. 십통품十通品		제63권	39. 입법계품入法界品 [4]
	29. 십인품十忍品		제64권	39. 입법계품入法界品 [5]
제45권	30. 아승지품阿僧祇品		제65권	39. 입법계품入法界品 [6]
	31. 여래수량품如來壽量品		제66권	39. 입법계품入法界品 [7]
	32. 보살주처품菩薩住處品		제67권	39. 입법계품入法界品 [8]
제46권	33. 불부사의법품佛不思議法品 [1]		제68권	39. 입법계품入法界品 [9]
제47권	33. 불부사의법품佛不思議法品 [2]		제69권	39. 입법계품入法界品 [10]
제48권	34. 여래십신상해품如來十身相海品		제70권	39. 입법계품入法界品 [11]
	35. 여래수호광명공덕품如來隨好光明功德品		제71권	39. 입법계품入法界品 [12]
			제72권	39. 입법계품入法界品 [13]
제49권	36. 보현행품普賢行品		제73권	39. 입법계품入法界品 [14]
제50권	37. 여래출현품如來出現品 [1]		제74권	39. 입법계품入法界品 [15]
제51권	37. 여래출현품如來出現品 [2]		제75권	39. 입법계품入法界品 [16]
제52권	37. 여래출현품如來出現品 [3]		제76권	39. 입법계품入法界品 [17]
제53권	38. 이세간품離世間品 [1]		제77권	39. 입법계품入法界品 [18]
제54권	38. 이세간품離世間品 [2]		제78권	39. 입법계품入法界品 [19]
제55권	38. 이세간품離世間品 [3]		제79권	39. 입법계품入法界品 [20]
제56권	38. 이세간품離世間品 [4]		제80권	39. 입법계품入法界品 [21]
제57권	38. 이세간품離世間品 [5]		제81권	40. 보현행원품普賢行願品

대방광불화엄경 강설 제62권

三十九. 입법계품入法界品 3

【 지말법회의 53선지식 】
【 십신위 선지식 】
1. 문수보살 ·· 16
  2) 문수보살이 복성의 동쪽 장엄당 사라숲에 머물다 ·················16
    (1) 문수보살이 보조법계경을 설하다 ································16
    (2) 오백 우바새와 오백 우바이가 모여 오다 ·······················21
    (3) 선재동자 등 오백 동자와 오백 동녀가 모여 오다 ············24
    (4) 문수보살이 선재동자라는 이름의 인연을 살피다 ············27
    (5) 문수보살이 선재동자를 위하여 법을 설하다 ··················36
  3) 선재동자가 보리심을 발하여 게송을 설하다 ·······················40
    (1) 고해에 빠진 것을 탄식하다 ·······································40
    (2) 사람을 찬탄하고 법을 구하다 ····································44
    (3) 법을 찬탄하고 법의 수레를 구하다 ·····························53

(4) 사람과 법을 모두 맺다 ···61
　4) 문수보살이 선재동자를 찬탄하다 ·······································63
　5) 선재동자가 보살행을 묻다 ···65
　6) 문수보살이 보현의 행을 게송으로 권하다 ························67
　7) 지혜를 성취하기 위하여 선지식 찾기를 권하다 ················74
　8) 다음의 선지식을 지시하다 ···78

【 십주위 선지식 】
2. 덕운비구 ···83
　1) 덕운비구를 뵙고 법을 묻다 ···83
　2) 덕운비구가 선재동자에게 법을 설하다 ·····························86
　　(1) 선재동자를 찬탄하다 ··86
　　(2) 법의 경계를 바로 보이다 ···89
　3) 자기는 겸손하고 다른 이의 수승함을 추천하다 ··············95
　4) 다음 선지식 찾기를 권유하다 ··106

3. 해운비구 ···111
　1) 해운비구를 뵙고 법을 묻다 ···111
　　(1) 법을 관찰하며 선지식을 찾다 ··································111

(2) 해운비구에게 보살의 길을 묻다 ················113
2) 해운비구가 선재동자에게 법을 설하다 ················116
　(1) 보리심을 내는 데 필요한 자세 ················116
　(2) 보리심을 내는 것을 밝히다 ················119
　(3) 바다가 주는 교훈 ················123
　(4) 바다에서 큰 연꽃이 출현하다 ················126
　　1〉 연꽃의 장엄과 예배 ················126
　　2〉 큰 연꽃이 출현한 의미 ················133
　　3〉 연꽃 위에 앉아 계시는 부처님 ················135
　　　〈1〉 부처님의 불가사의한 공덕 ················135
　　　〈2〉 부처님의 설법 ················138
　(5) 해운비구가 법을 설하다 ················140
3) 자기는 겸손하고 다른 이의 수승함을 찬탄하다 ················145
4) 다음 선지식 찾기를 권유하다 ················150

4. 선주비구 ················153
1) 선주비구를 뵙고 법을 묻다 ················153
　(1) 법문을 생각하며 선지식을 찾다 ················153
　(2) 제천팔부가 선주비구에게 공양하다 ················155
　(3) 선주비구에게 보살의 길을 묻다 ················160

2) 선주비구가 법을 설하다 …………………………………166
  (1) 걸림이 없는 지혜 광명을 얻다 …………………………166
  (2) 신통한 힘으로 중생을 교화하다 ………………………173
3) 자기는 겸손하고 다른 이의 수승함을 추천하다 ……………181
4) 다음 선지식 찾기를 권유하다 …………………………………183

대방광불화엄경 강설

제62권

三十九. 입법계품 3

지말법회의 53선지식

【 십신위+信位 선지식 】

1. 문수보살 文殊菩薩

2) 문수보살이 복성福城의 동쪽 장엄당 사라숲에 머물다

(1) 문수보살이 보조법계경普照法界經을 설하다

爾時에 文殊師利菩薩이 勸諸比丘하사 發阿耨
이시   문수사리보살   권제비구   발아뇩

多羅三藐三菩提心已하시고 漸次南行하사 經歷人
다라삼먁삼보리심이   점차남행   경력인

間하사 至福城東하야 住莊嚴幢娑羅林中하시니
간   지복성동   주장엄당사라림중

이때에 문수사리보살이 모든 비구들을 권하여 아뇩

다라삼먁삼보리심을 발하게 하고는, 점점 남방으로 가면서 인간세상을 지나다가 복성福城의 동쪽에 이르러 장엄당 사라숲[莊嚴幢娑羅林]에 머물렀습니다.

불교는 사람들에게, 심지어 동물들에게까지 보리심을 발하라고 권한다. 문수보살도 역시 모든 비구들에게 보리심을 발하기를 권하였다. 보리심이란 무엇인가. 깨달음의 마음이다. 깨달음의 마음은 무엇인가. 지혜와 자비의 마음이다. 지혜와 자비의 마음을 한마디로 표현하면 남을 이롭게 하는 이타심이다. 그래서 보리심을 불심이라고도 한다.

비구들에게 보리심을 발하게 하고는 점점 남방으로 가면서 인간세상을 지나다가 복성福城의 동쪽에 이르러 장엄당 사라숲에 머물게 되었다.

왕 석 제 불 증 소 지 주 교 화 중 생 대 탑 묘
往昔諸佛이 **曾所止住**하야 **敎化衆生**한 **大塔廟**

처 역 시 세 존 어 왕 석 시 수 보 살 행 능 사 무
處며 **亦是世尊**이 **於往昔時**에 **修菩薩行**하야 **能捨無**

량 난 사 지 처
量難捨之處라

　이곳은 옛적에 모든 부처님들이 계시면서 중생을 교화하시던 큰 탑이 있는 곳이며, 또한 세존께서도 과거에 보살의 행을 닦으시며, 한량없이 버리기 어려운 것을 능히 버리시던 곳이었습니다.

　이 사라숲은 옛날의 부처님과 지금의 세존이 모두 중생들을 교화하던 곳이며 보살행을 닦던 곳이다.

시고　차림명칭　보문무량불찰　　차처　상
是故로 **此林名稱**이 **普聞無量佛刹**하야 **此處**가 **常**

위천룡야차건달바아수라가루라긴나라마후
爲天龍夜叉乾闥婆阿修羅迦樓羅緊那羅摩睺

라가인여비인지소공양
羅伽人與非人之所供養이러라

　그러므로 이 숲의 이름이 한량없는 부처님 세계에 널리 퍼져 있어서, 언제나 천신과 용과 야차와 건달바와 아수라와 가루라와 긴나라와 마후라가와 사람과 사람 아닌 것들이 공양하는 곳이었습니다.

옛날 부처님이나 지금의 세존이 모두 머물던 곳이므로 온 세계에 그 소문이 널리 퍼져 무수한 대중이 보호하며 아끼고 공양하는 곳이다.

時_에 文殊師利_가 與其眷屬_{으로} 到此處已_{하사} 卽_{어기처} 於其處_에 說普照法界修多羅_{하시니} 百萬億那由他 修多羅_로 以爲眷屬_{하니라}

시 문수사리 여기권속 도차처이 즉
어기처 설보조법계수다라 백만억나유타
수다라 이위권속

이때에 문수사리보살이 그의 권속들과 함께 이곳에 이르러서 '법계를 두루 비추는 경[普照法界修多羅]'을 말씀하시니, 백만억의 나유타 경으로 권속을 삼았습니다.

문수보살이 그의 권속들과 이 숲에 이르러 보조법계경_普

照法界經이라는 경을 설하셨다.

설차경시 어대해중 유무량백천억제룡
說此經時에 **於大海中**에 **有無量百千億諸龍**이

이래기소 문차법이 심염용취 정구불
而來其所하야 **聞此法已**에 **深厭龍趣**하고 **正求佛**

도 함사용신 생천인중 일만제룡 어
道하야 **咸捨龍身**하고 **生天人中**하며 **一萬諸龍**이 **於**

아뇩다라삼먁삼보리 득불퇴전 부유무량
阿耨多羅三藐三菩提에 **得不退轉**하며 **復有無量**

무수중생 어삼승중 각득조복
無數衆生이 **於三乘中**에 **各得調伏**하니라

이 경을 설하실 적에 큰 바다 가운데 있던 한량없는 백천억 용들이 그곳에 와서 법문을 듣고는 용의 길을 싫어하고 바로 불도를 구하여 용의 몸을 버리고 천상이나 인간에 태어났으며, 1만 용들은 아뇩다라삼먁삼보리에서 물러가지 않게 되었고, 또 한량없고 수없는 중생들은 삼승三乘 가운데서 제각기 조복함을 얻게 되었습니다.

문수보살이 보조법계경을 설하시니 한량없는 백천억 용들이 그곳에 와서 법문을 듣고는 용의 길을 싫어하고 바로 불도를 구하여 용의 몸을 버리고 천상이나 인간에 태어났으며, 1만 용들은 최상의 깨달음에서 물러가지 않게 되었다고 하였다.

(2) 오백 우바새와 오백 우바이가 모여 오다

時_에 福城人_이 聞文殊師利童子_가 在莊嚴幢娑羅林中大塔廟處_{하고} 無量大衆_이 從其城出_{하야} 來詣其所_{하니}

이때에 복성福城의 사람들은 문수사리동자가 장엄당사라숲 속 큰 탑이 있는 곳에 왔다는 말을 듣고, 한량없는 대중들이 복성에서 나와 그곳에 이르렀습니다.

시   유우바새   명왈대지   여오백우바새
時에 **有優婆塞**하니 **名曰大智**라 **與五百優婆塞**

권 속   구   소위수달다우바새   바수달다우
眷屬으로 **俱**하니 **所謂須達多優婆塞**와 **婆須達多優**

바새   복덕광우바새   유명칭우바새   시명칭
婆塞와 **福德光優婆塞**와 **有名稱優婆塞**와 **施名稱**

우 바 새
優婆塞와

그때에 우바새가 있으니 이름이 대지大智였습니다. 오백 우바새 권속과 함께 있었으니, 이른바 수달다須達多우바새와, 바수달다婆須達多우바새와, 복덕광福德光우바새와, 유명칭有名稱우바새와, 시명칭施名稱우바새와,

월덕우바새   선혜우바새   대혜우바새   현
月德優婆塞와 **善慧優婆塞**와 **大慧優婆塞**와 **賢**

호우바새   현승우바새   여시등오백우바새
護優婆塞와 **賢勝優婆塞**라 **如是等五百優婆塞**로

구   내예문수사리동자소   정례기족   우
俱하야 **來詣文殊師利童子所**하야 **頂禮其足**하고 **右**

요삼잡　　퇴좌일면
繞三帀하야 **退坐一面**하며

　월덕月德우바새와, 선혜善慧우바새와, 대혜大慧우바새와, 현호賢護우바새와, 현승賢勝우바새였습니다. 이와 같은 등 오백 우바새가 함께 문수사리동자 있는 데 와서 발에 엎드려 절하고 오른쪽으로 세 번 돌고는 한 곁에 물러가 앉았습니다.

　　부유오백우바이　　소위대혜우바이　　선　광
復有五百優婆夷하니 **所謂大慧優婆夷**와 **善光**

우바이　　묘신우바이　　가락신우바이　　현우바
優婆夷와 **妙身優婆夷**와 **可樂身優婆夷**와 **賢優婆**

이　　현덕우바이
夷와 **賢德優婆夷**와

　다시 또 오백 우바이가 있으니 이른바 대혜大慧우바이와, 선광善光우바이와, 묘신妙身우바이와, 가락신可樂身우바이와, 현賢우바이와, 현덕賢德우바이와,

현광우바이　　당광우바이　　덕광우바이　　선
賢光優婆夷와 **幢光優婆夷**와 **德光優婆夷**와 **善**

목우바이　　여시등오백우바이　　내예문수사리
目優婆夷라 **如是等五百優婆夷**가 **來詣文殊師利**

동자소　　정례기족　　우요삼잡　　퇴좌일면
童子所하야 **頂禮其足**하고 **右繞三帀**하야 **退坐一面**
하니라

　　현광賢光우바이와, 당광幢光우바이와, 덕광德光우바이와, 선목善目우바이였습니다. 이와 같은 등 오백 우바이가 문수사리동자 있는 데 와서 발에 엎드려 절하고 오른쪽으로 세 번 돌고 한 곁에 물러가 앉았습니다.

(3) 선재동자 등 오백 동자와 오백 동녀가 모여 오다

부유오백동자　　소위선재동자　　선행동자
復有五百童子하니 **所謂善財童子**와 **善行童子**와

선계동자　　선위의동자　　선용맹동자　　선사동
善戒童子와 **善威儀童子**와 **善勇猛童子**와 **善思童**

자
子와

다시 또 오백 동자가 있으니 이른바 선재善財동자와, 선행善行동자와, 선계善戒동자와, 선위의善威儀동자와, 선용맹善勇猛동자와, 선사善思동자와,

선혜동자 선각동자 선안동자 선비동자
善慧童子와 **善覺童子**와 **善眼童子**와 **善臂童子**와

선광동자 여시등오백동자 내예문수사리동
善光童子라 **如是等五百童子**가 **來詣文殊師利童**

자소 정례기족 우요삼잡 퇴좌일면
子所하야 **頂禮其足**하고 **右繞三帀**하야 **退坐一面**하며

선혜善慧동자와, 선각善覺동자와, 선안善眼동자와, 선비善臂동자와 선광善光동자였습니다. 이와 같은 등 오백 동자가 문수사리동자 있는 데 와서 발에 엎드려 절하고 오른쪽으로 세 번 돌고 한 곁에 물러가 앉았습니다.

부유오백동녀 소위선현동녀 대지거사
復有五百童女하니 **所謂善賢童女**와 **大智居士**

녀동녀   현칭동녀   미안동녀   견혜동녀   현
女童女와 賢稱童女와 美顔童女와 堅慧童女와 賢

덕동녀
德童女와

다시 또 오백 동녀가 있으니 이른바 선현善賢동녀와, 대지大智거사의 딸 동녀와, 현칭賢稱동녀와, 미안美顔동녀와, 견혜堅慧동녀와, 현덕賢德동녀와,

  유덕동녀   범수동녀   덕광동녀   선광동녀
 有德童女와 梵授童女와 德光童女와 善光童女
  여시등오백동녀   내예문수사리동자소
라 如是等五百童女가 來詣文殊師利童子所하야

정례기족   우요삼잡   퇴좌일면
頂禮其足하고 右繞三帀하야 退坐一面하니라

유덕有德동녀와, 범수梵授동녀와, 덕광德光동녀와, 선광善光동녀였습니다. 이와 같은 등 오백 동녀가 문수사리동자 있는 데 와서 발에 엎드려 절하고 오른쪽으로 세 번 돌고 한 곁에 물러가 앉았습니다.

입법계품에서 대중들의 수를 밝히는 가운데 오백 보살과, 오백 성문과, 육천 비구와, 오백 우바새와, 오백 우바이와, 오백 동자와, 오백 동녀와, 오백 가지 보배 그릇을 들었다. 금강경에는 제오백년이라는 말도 있다. 대승경전에 왜 이와 같이 오백이라는 숫자가 많은가? 아마도 대승불교운동이 크게 일어서 새로운 불교 역사가 시작된 것이 불멸佛滅 오백년경이었기 때문이라고 추측한다. 그러나 청량스님은 소疏에서, "숫자가 모두 오백인 것은 다섯 가지 지위를 증득하여 들어가는 것을 표하였다."[1]라고 하였다.

(4) 문수보살이 선재善財동자라는 이름의 인연을 살피다

爾時에 文殊師利童子가 知福城人이 悉已來集하시고 隨其心樂하사 現自在身하시니 威光赫奕하야 蔽諸大衆이라

이시 문수사리동자 지복성인 실이래집 수기심락 현자재신 위광혁혁 폐 제대중

---

1) 數皆五百者, 表五位證入.

그때에 문수사리동자는 복성 사람들이 다 와서 모인 줄을 알고는 그들이 좋아하는 마음을 따라 자유자재한 몸을 나타내었으니, 위광이 혁혁하여 모든 다른 대중들을 가렸습니다.

먼저 문수보살에 대해서 언급하는데 문수보살은 특별하게 정해진 몸이 없다. 사람들의 마음에 좋아하는 것을 따라서 몸을 나타내는데 위광이 혁혁하여 모든 다른 대중들을 가려 버렸다.

以自在大慈_로 令彼淸凉_{하며} 以自在大悲_로 起說法心_{하며} 以自在智慧_로 知其心樂_{하며} 以廣大辯才_로 將爲說法_{하실새}

이 자 재 대 자　　영 피 청 량　　이 자 재 대 비　기
설 법 심　　이 자 재 지 혜　　지 기 심 락　　이 광 대 변
재　　장 위 설 법

자재하고 크게 인자함으로 그들을 청량하게 하였으며, 자재하게 가엾이 여김으로 법을 설할 마음을 일으

켰으며, 자재한 지혜로 그 마음에 즐거움을 알고 광대한 변재로 법을 설하려 하였습니다.

또 문수보살은 자재한 대자大慈와 자재한 대비大悲와 자재한 지혜智慧와 광대한 변재辯才로 중생들을 위하여 법을 설하신다.

復於是時_에 觀察善財_가 以何因緣_{으로} 而有其 名_{하사} 知此童子_가 初入胎時_에 於其宅內_에 自然 而出七寶樓閣_{하고} 其樓閣下_에 有七伏藏_{하고} 於其 藏上_에 地自開裂_{하야} 生七寶牙_{하니} 所謂金銀瑠璃 玻瓈眞珠硨磲瑪瑙_라

부어시시 관찰선재 이하인연 이유기
명 지차동자 초입태시 어기택내 자연
이출칠보누각 기누각하 유칠복장 어기
장상 지자개열 생칠보아 소위금은유리
파려진주자거마노

다시 또 이때에 선재가 무슨 인연으로 그런 이름을 지었는가를 살펴보니, 이 동자가 처음 태胎에 들 적에 그 집안에 저절로 칠보로 된 누각이 생기고, 누각 밑에는 일곱 개의 창고가 있으며, 그 창고 위에는 땅이 저절로 갈라져서 칠보의 싹이 났으니 금, 은, 유리, 파려, 진주, 자거, 마노였습니다.

다음은 선재동자가 무슨 인연으로 그런 이름을 지었는가를 살펴보는 내용이다. 처음 입태入胎했을 때 그의 집에는 저절로 칠보로 된 누각이 솟아 나오고, 누각 밑에는 일곱 개의 창고가 있으며, 그 창고 위에는 땅이 저절로 갈라져서 칠보의 싹이 나는 등 온갖 희유한 일이 많았다.

善財童子가 處胎十月한 然後誕生하니 形體支分이 端正具足하고 其七大藏의 縱廣高下가 各滿七肘하야 從地涌出光明照耀하며

선재동자가 태에 있은 지 열 달 만에 탄생하니, 몸과

팔다리가 단정하였고, 일곱 개의 큰 창고가 가로와 세로와 높이가 7척씩 되는 것이 땅에서 솟아오르니 광명이 찬란하였습니다.

또 탄생할 때는 일곱 개의 큰 창고가 땅에서 솟아 나오는 등의 일이 있었다. 주로 재산과 관계되는 희유한 일들이었다.

復於宅中에 **自然而有五百寶器**하야 **種種諸物**이 **自然盈滿**하니 **所謂金剛器中**에 **盛一切香**하고 **於香器中**에 **盛種種衣**하고 **美玉器中**에 **盛滿種種上味飲食**하고

또 집안에는 저절로 오백 개의 보배 그릇이 있어 가지가지 물건이 가득하였으니, 금강 그릇에는 모든 향이

담기었고, 향 그릇에는 가지가지 옷이 담기었고, 아름다운 옥 그릇에는 가지가지 맛 좋은 음식이 가득 담기었습니다.

摩尼器中에 盛滿種種殊異珍寶하고 金器盛銀하고 銀器盛金하고 金銀器中에 盛滿瑠璃와 及摩尼寶하고 玻瓈器中에 盛滿硨磲하고 硨磲器中에 盛滿玻瓈하고

마니 그릇에는 가지가지 기이한 보배가 담기고, 금 그릇에는 은이 담기고, 은 그릇에는 금이 담기고, 금은 그릇에는 유리와 마니보배가 가득하고, 파려 그릇에는 자거가 가득하고, 자거 그릇에는 파려가 가득하고,

마노기중 　 성만진주 　 　진주기중 　 　성만마
瑪瑙器中에 **盛滿眞珠**하고 **眞珠器中**에 **盛滿瑪**

노 　 　화마니기중 　 　성만수마니 　 　수마니기중
瑙하고 **火摩尼器中**에 **盛滿水摩尼**하고 **水摩尼器中**

　성만화마니 　 　여시등오백보기 　 　자연출현
에 **盛滿火摩尼**한 **如是等五百寶器**가 **自然出現**하며

마노 그릇에는 진주가 가득하고, 진주 그릇에는 마노가 가득하고, 불 마니 그릇에는 물 마니가 가득하고, 물 마니 그릇에는 불 마니가 가득하였습니다. 이와 같은 등 오백 보배 그릇이 자연히 출현하였습니다.

또 선재동자가 탄생하고 나니 집안에는 저절로 오백 개의 보배 그릇이 있어서 가지가지 물건이 가득하였는데 별의별 그릇에 별의별 물건이 가득하였다. 이 또한 저절로 출현한 것들이다.

　우우중보 　 　급제재물 　 　일체고장 　 　실령충
又雨衆寶와 **及諸財物**하야 **一切庫藏**을 **悉令充**

만할새 **以此事故**로 **父母親屬**과 **及善相師**가 **共呼
此兒**하야 **名曰善財**하시며

또 여러 가지 보배와 모든 재물이 비처럼 내려 온갖 창고에 충만하였습니다. 그러므로 부모와 친척과 관상하는 이들이 다 같이 이 아이의 이름을 선재善財라고 부른 줄을 알았습니다.

이러한 사실을 본 부모와 친속과 관상을 잘 보는 사람들이 이구동성으로 훌륭한 재산[善財]이 저절로 생겼다고 하여 선재善財라는 이름을 부르게 되었다.

又知此童子가 **已曾供養過去諸佛**하야 **深種善
根**하며 **信解廣大**하며 **常樂親近諸善知識**하며

또 이 동자가 이미 일찍이 과거의 여러 부처님께 공

양하며, 착한 뿌리를 많이 심었고, 믿고 이해함이 광대해서 모든 선지식을 항상 친근하였습니다.

선재동자가 불법에 있어서는 일찍이 과거 모든 부처님께 공양 올리고 선근을 깊이 심었으며, 믿고 이해함이 광대하여 모든 선지식을 친견하기를 즐겨하였다.

身語意業이 皆無過失하며 淨菩薩道하며 求一切智하며 成佛法器하며 其心淸淨이 猶如虛空하며 廻向菩提하며 無所障礙하시니라

몸과 말과 뜻으로 짓는 업이 모두 허물이 없고, 보살의 도를 깨끗이 하며, 일체 지혜를 구하여 불법의 그릇을 이루었고, 그 마음이 청정하기가 허공과 같으며, 보리에 회향하여 장애가 없는 줄을 알았습니다.

불법 가운데 먼 과거에서부터 오늘에 이르기까지 그리고 먼 미래에 이르기까지 모든 공부인과 일체 수행자의 대표이며 본보기로 등장하는 사람이 선재동자다. 왜 동자童子인가. 어린 동자들은 어른인 부모가 일러 주는 말에 무조건 순종하듯이 모든 선지식의 가르침에 대하여 하나도 놓치지 않고 잘 듣고 잘 실천하는 사람이라는 뜻이다. 단순히 어리다는 뜻만은 아니다. 그러려면 몸과 말과 뜻으로 짓는 업이 모두 허물이 없고, 보살의 도를 깨끗이 하여야 한다. 또한 일체 지혜를 구하여 불법의 그릇을 이루어야 한다. 또한 그 마음이 청정하기가 허공과 같아야 한다. 이러한 모습이 모든 수행자의 본보기이다. 이와 같은 선재동자의 사람됨을 문수보살이 잘 살펴본 것이다.

(5) 문수보살이 선재동자를 위하여 법을 설하다

爾時에 文殊師利菩薩이 如是觀察善財童子
已하시고 安慰開喩하사 而爲演說一切佛法하시니

그때에 문수사리보살이 이와 같이 선재동자를 관찰하고는 위로하고 깨우쳐 주면서 모든 부처님의 법을 연설하였습니다.

소위설일체불적집법   설일체불상속법
所謂說一切佛積集法하며 **說一切佛相續法**하며

설일체불차제법   설일체불중회청정법
說一切佛次第法하며 **說一切佛衆會淸淨法**하며

설일체불법륜화도법
說一切佛法輪化導法하며

이른바 모든 부처님의 모으는 법을 말하고, 모든 부처님의 계속하는 법을 말하고, 모든 부처님의 차례로 하는 법을 말하고, 모든 부처님의 모인 대중이 청정한 법을 말하고, 모든 부처님이 법륜으로 교화하는 법을 말하고,

설일체불색신상호법   설일체불법신성취
說一切佛色身相好法하며 **說一切佛法身成就**

法하며 說一切佛言辭辯才法하며 說一切佛光明照
耀法하며 說一切佛平等無二法이라

모든 부처님의 육신이 잘생긴 모습의 법을 말하고, 모든 부처님이 법의 몸을 성취하는 법을 말하고, 모든 부처님의 말씀하는 변재의 법을 말하고, 모든 부처님의 광명으로 비추는 법을 말하고, 모든 부처님의 평등하여 둘이 없는 법을 말하였습니다.

문수보살이 선재동자가 훌륭한 법의 그릇이 됨을 잘 살피고는 곧바로 선재동자에게 법을 연설하였다. 무수한 불법 가운데 중요한 열 가지 불법의 제목을 열거하였으나 그 낱낱 법의 깊은 내용에 대해서는 드러내지 않았다.

爾時에 文殊師利童子가 爲善財童子와 及諸大
衆하사 說此法已하시고 殷勤勸喩하야 增長勢力하사

영 기 환 희　　　발 아 뇩 다 라 삼 먁 삼 보 리 심
令其歡喜하야 **發阿耨多羅三藐三菩提心**하며

　그때에 문수사리동자가 선재동자와 모든 대중을 위하여 이러한 법을 말하고는 은근하게 권유하여 세력이 늘게 하며, 그들을 기쁘게 하여 아뇩다라삼먁삼보리심을 발하게 하였습니다.

　비록 문수보살이 선재동자를 위하여 연설한 열 가지 불법의 깊은 내용은 드러내지 않았으나 그 요점은 가장 높은 깨달음의 마음, 즉 보리심을 발하게 하는 것이다.

우 영 억 념 과 거 선 근　　　작 시 사 이　　　즉 어 기
又令憶念過去善根하야 **作是事已**하시고 **卽於其**
처　　부 위 중 생　　　수 의 설 법　　연 후 이 거
處에 **復爲衆生**하사 **隨宜說法**한 **然後而去**러시니라

　또 과거에 심은 착한 뿌리를 기억하게 하였습니다. 이러한 일을 하고는 곧 그 자리에서 다시 중생들을 위하여 마땅하게 법을 말하고 난 뒤에 가게 되었습니다.

"그 후에 가게 되었다[然後而去]."는 말은 아직 서로가 이별하고 떠나는 장면이 아닌데 곧바로 떠나는 것과 같은 표현이다.

3) 선재동자가 보리심을 발하여 게송을 설하다

(1) 고해苦海에 빠진 것을 탄식하다

爾時_에 善財童子_가 從文殊師利所_{하야} 聞佛如是種種功德_{하고} 一心勤求阿耨多羅三藐三菩提_{하야} 隨文殊師利_{하야} 而說頌曰

그때에 선재동자는 문수사리에게서 부처님의 이와 같은 가지가지 공덕을 듣고 한결같은 마음으로 아뇩다라삼먁삼보리를 부지런히 구하며 문수사리를 따라서 게송을 설하였습니다.

드디어 선재동자가 문수보살로부터 법문을 듣고는 보리

를 구하는 마음을 발하고 게송을 설한다. 먼저 일체 중생의 입장에서 중생들이 어떻게 고해苦海에 빠져 있었는가를 탄식조로 고백한다.

삼 유 위 성 곽
三有爲城郭하고

교 만 위 원 장
憍慢爲垣牆하며

제 취 위 문 호
諸趣爲門戶하고

애 수 위 지 참
愛水爲池塹이로다

삼계[三有]는 성곽이 되고

교만은 담장이 되며

여러 길은 문이 되고

애착의 물은 해자[池塹]가 되었도다.

욕계와 색계와 무색계는 도저히 벗어날 수 없는 성곽이 되었고, 거기에 교만이라는 담장이 더해져서 갈 수 있는 문이란 지옥 아귀 축생 인도 천도 아수라와 같은 길뿐인 데다 그것에 애착하는 애착의 물은 해자가 되어 삼계를 벗어날 길은 엄두도 내지 못한다.

우치암소부	탐에화치연
愚癡闇所覆로	**貪恚火熾然**하야
마왕작군주	동몽의지주
魔王作君主하고	**童蒙依止住**로다

어리석음의 어둠에 덮이어
탐욕과 성내는 불이 치성하니
마왕은 임금이 되어
어리석고 몽매한 사람들이 의지해 머물도다.

 어리석음의 어둠에 뒤덮이었는데 탐욕의 불길과 성내는 불길이 치성하니 어떻게 할 것인가. 혹여 현명한 임금이라도 있다면 모르겠으나 마왕이 임금이 되었으니 다시 어찌하란 말인가. 마왕도 임금이라고 어리석고 몽매한 사람들은 그를 의지해 살고 있었다.

탐애위휘묵	첨광위비륵
貪愛爲徽纆하고	**諂誑爲轡勒**하며
의혹폐기안	취입제사도
疑惑蔽其眼하야	**趣入諸邪道**로다

탐심과 애욕은 묶는 끈이요

아첨과 속이는 일 고삐가 되며

의혹이 눈을 가리어

모든 삿된 길로 나아가게 하도다.

간질교영고　　　　　입어삼악처
慳嫉憍盈故로　　　**入於三惡處**하며

혹타제취중　　　　　생로병사고
或墮諸趣中의　　　**生老病死苦**로다

간탐과 질투와 교만이 많아

세 가지 나쁜 길에 들어가고

혹 여러 길에 떨어지면

나고 늙고 병들고 죽는 고통이어라.

더 이상 무슨 말이 필요하겠는가. 갈 곳은 지옥 아귀 축생의 길이요, 만나는 길은 늙음과 병듦과 죽음의 고통뿐이더라.

(2) 사람을 찬탄하고 법을 구하다

묘 지 청 정 일　　　　　　대 비 원 만 륜
妙智淸淨日인　　　　　　**大悲圓滿輪**이

능 갈 번 뇌 해　　　　　　원 사 소 관 찰
能竭煩惱海하나니　　　　**願賜少觀察**하소서

묘한 지혜 청정한 해님의
가엾이 여기는 원만한 바퀴
능히 번뇌의 바다 말리시나니
바라건대 저희를 살펴 주소서.

　문수보살의 미묘한 지혜는 맑고 밝은 태양이어라. 중생들을 크게 불쌍히 여기는 마음은 미치지 않는 데가 없는 원만한 바퀴가 되어 중생들의 번뇌의 바다를 다 말려 버리시나니, 부디 저희들을 살펴 주소서.

묘 지 청 정 월　　　　　　대 자 무 구 륜
妙智淸淨月인　　　　　　**大慈無垢輪**이

일 체 실 시 안　　　　　　원 수 조 찰 아
一切悉施安하나니　　　　**願垂照察我**하소서

묘한 지혜 청정한 달님의
인자하고 때 없는 둥근 바퀴
모든 이를 안락하게 하시나니
바라건대 저를 비춰 주소서.

문수보살의 미묘한 지혜는 맑고 밝은 달님이어라. 중생들을 크게 인자하게 여기는 마음은 때가 없는 바퀴가 되어 모든 이들을 남김없이 편안하게 하시나니, 부디 저희들을 비춰 주소서.

일체법계왕
一切法界王이

법보위선도
法寶爲先導하야

유공무소애
遊空無所礙하나니

원수교칙아
願垂敎敕我하소서

온갖 법계의 왕이시여
법보法寶로 길잡이 삼아
걸림이 없이 허공에 다니시나니
바라건대 저를 가르쳐 주소서.

문수보살의 미묘한 지혜는 온 법계를 통솔하는 왕이어라. 법의 보배로 길잡이 삼아 걸림이 없이 허공을 다니시나니, 부디 저희들을 가르쳐 주소서.

복지대상주
福智大商主가

용맹구보리
勇猛求菩提하야

보리제군생
普利諸群生하나니

원수수호아
願垂守護我하소서

복 많고 지혜 많은 큰 상주商主
용맹하게 보리를 구하여
모든 중생을 널리 이익하게 하시나니
바라건대 저를 보호하소서.

문수보살은 복도 많고 지혜도 많은 대상大商의 주인이어라. 용맹하게 보리를 구하여 뭇 생명을 널리 이익하게 하나니, 부디 저희들을 보호하여 주소서.

신 피 인 욕 갑
身被忍辱甲하며

수 제 지 혜 검
手提智慧劍하고

자 재 항 마 군
自在降魔軍하나니

원 수 발 제 아
願垂拔濟我하소서

몸에는 인욕의 갑옷을 입고
손에는 지혜의 칼을 들어
마군을 자재하게 항복받으시나니
바라건대 저를 구제하소서.

문수보살은 몸에는 인욕의 갑옷을 입고 손에는 지혜의 칼을 든 뛰어난 장군이어라. 무수한 마군을 자재하게 항복받으시나니, 부디 저희들을 구제하여 주소서.

주 법 수 미 정
住法須彌頂하야

정 여 상 공 시
定女常恭侍하고

멸 혹 아 수 라
滅惑阿修羅하는

제 석 원 관 아
帝釋願觀我하소서

법이 머무는 수미산 꼭대기에서

선정의 시녀들이 항상 모시고
미혹의 아수라를 소멸하시나니
제석이여 저를 살피소서.

문수보살은 법이 머무는 수미산 꼭대기이어라. 선정의 시녀들이 항상 모시어 미혹의 아수라를 소멸하시나니, 제석천 대왕이여, 부디 저희들을 보살펴 주소서.

삼 유 범 우 택
三有凡愚宅에

혹 업 지 취 인
惑業地趣因을

인 자 실 조 복
仁者悉調伏하나니

여 등 시 아 도
如燈示我道하소서

삼계는 어리석은 범부의 집이요
미혹과 업은 지옥 길의 원인이라
보살께서 모두 조복하시나니
등불처럼 저의 길을 비춰 주소서.

욕계와 색계와 무색계는 어리석은 범부의 집이요, 미혹과 업은 지옥으로 가는 길의 원인이어라. 인자하신 문수보살께서 모두 조복하시나니, 캄캄한 밤에 등불이 되어 부디 저희들이 가는 길을 밝게 비춰 주소서.

사리제악취
捨離諸惡趣하고

청정제선도
淸淨諸善道하야

초제세간자
超諸世間者여

시아해탈문
示我解脫門하소서

여러 나쁜 길 여의시고
모든 착한 길 깨끗하게 하여
모든 세간을 초월하신 이여
저에게 해탈의 문을 보여 주소서.

모든 나쁜 길이란 나쁜 길은 다 여의고, 모든 착한 길이란 착한 길은 다 깨끗하게 하여, 일체 세간을 초월하신 문수보살이시여, 부디 저희들에게 해탈의 문을 보여 주소서.

세 간 전 도 집
世間顚倒執인

상 락 아 정 상
常樂我淨想을

지 안 실 능 리
智眼悉能離하나니

개 아 해 탈 문
開我解脫門하소서

세간의 뒤바뀐 고집
항상하고 즐겁고 내가 있고 깨끗하다는 생각을
지혜의 눈으로 모두 능히 떠나셨나니
저에게 해탈의 문을 열어 주소서.

세상 사람들이 빠져 있는 뒤바뀐 고집인, 항상하고 즐겁고 내가 있고 깨끗하다는 생각을 문수보살님은 지혜의 눈으로 모두 능히 떠나셨나니, 부디 저희들에게 해탈의 문을 열어 주소서.

선 지 사 정 도
善知邪正道하야

분 별 심 무 겁
分別心無怯한

일 체 결 료 인
一切決了人이여

시 아 보 리 로
示我菩提路하소서

삿된 길과 바른 길을 잘 아시고
분별하는 마음 겁이 없으시나니
온갖 것 분명하게 다 아시는 이여
저에게 보리의 길을 보여 주소서.

삿된 길과 바른 길을 잘 아시고, 분별하는 마음 겁이 없으시나니, 온갖 것 분명하게 다 아시는 문수보살님이시여, 부디 저희들에게 보리의 길을 보여 주소서.

주불정견지
住佛正見地하며

장불공덕수
長佛功德樹하며

우불묘법화
雨佛妙法華하시니

시아보리도
示我菩提道하소서

부처님의 바른 견해에 머물고
부처님의 공덕 나무를 기르며
부처님의 묘한 법의 꽃비 내리시나니
저에게 보리의 길을 보여 주소서.

문수보살님은 부처님의 바른 견해에 머물고, 부처님의 공덕 나무를 기르며, 부처님의 묘한 법의 꽃비 내리시나니, 부디 저희들에게 보리의 길을 보여 주소서.

거래현재불
去來現在佛이

처처실주변
處處悉周徧하사

여일출세간
如日出世間하시니

위아설기도
爲我說其道하소서

과거 미래 현재의 모든 부처님이

곳곳에 모두 다 두루 하시어

마치 해가 세상에 뜬 것과 같으시나니

저를 위해 그 길을 말씀하소서.

문수보살님이시여, 과거 미래 현재의 모든 부처님이 곳곳에 모두 다 두루 하시어 마치 해가 세상에 뜬 것과 같으시나니, 부디 저희들을 위하여 그 길을 말씀하여 주소서.

선지일체업
善知一切業하고

심달제승행
深達諸乘行하야

지혜결정인
智慧決定人이여

시아마하연
示我摩訶衍하소서

온갖 업을 잘 아시고
여러 승乘의 수행을 깊이 통달하시나니
결정한 지혜 가지신 이여
저에게 대승의 가르침을 보여 주소서.

문수보살님이시여, 중생들의 온갖 업을 잘 아시고, 업에 따라 가르치시는 모든 수행의 길을 깊이 통달하셨나니, 부디 저희들에게 대승의 가르침을 보여 주소서.

(3) 법을 찬탄하고 법의 수레를 구하다

원륜대비곡
願輪大悲轂과

신축견인할
信軸堅忍轄과

공덕보장교
功德寶莊校여

영아재차승
令我載此乘하소서

서원은 겉바퀴요, 자비는 속바퀴라
신심은 굴대[軸]요, 인욕은 굴대 빗장[轄]이라
공덕의 보배로 잘 꾸미셨나니
그 수레에 저를 태워 주소서.

총 지 광 대 상	자 민 장 엄 개
總持廣大箱과	**慈愍莊嚴蓋**와
변 재 령 진 향	사 아 재 차 승
辯才鈴震響이여	**使我載此乘**하소서

총지總持는 광대한 수레의 방[箱]

자비로 장엄한 덮개라

변재의 풍경 잘 울리시나니

그 수레에 저를 태워 주소서.

범 행 위 인 욕	삼 매 위 채 녀
梵行爲茵褥하며	**三昧爲婇女**하며
법 고 진 묘 음	원 여 아 차 승
法鼓震妙音하나니	**願與我此乘**하소서

청정한 범행[梵行] 돗자리 되고
삼매는 모시는 채녀들 되어
법의 북 아름다운 소리 울리시나니
원컨대 그 수레에 저를 태워 주소서.

사섭무진장	공덕장엄보
四攝無盡藏과	**功德莊嚴寶**와
참괴위기앙	원여아차승
慚愧爲羈鞅이여	**願與我此乘**하소서

사섭법은 다함없는 창고며
공덕은 장엄한 보배라
부끄러움은 굴레와 고삐
원컨대 그 수레에 저를 태워 주소서.

상전보시륜	항도정계향
常轉布施輪하며	**恒塗淨戒香**하며
인욕뢰장엄	영아재차승
忍辱牢莊嚴이여	**令我載此乘**하소서

보시하는 바퀴 항상 굴리며

깨끗한 계율의 향을 항상 바르고

인욕으로 굳게 장엄하셨나니

그 수레에 저를 타게 하소서.

_{선정삼매상}
禪定三昧箱과

_{지혜방편액}
智慧方便軛으로

_{조복불퇴전}
調伏不退轉이여

_{영아재차승}
令我載此乘하소서

선정과 삼매는 수레의 방이요

지혜와 방편은 멍에가 되어

물러가지 않도록 조복하시나니

그 수레에 저를 타게 하소서.

_{대원청정륜}
大願淸淨輪과

_{총지견고력}
總持堅固力이

_{지혜소성취}
智慧所成就니

_{영아재차승}
令我載此乘하소서

큰 서원은 청정한 바퀴
다 지니는 견고한 힘
지혜로 이루어졌나니
그 수레에 저를 타게 하소서.

보 행 위 주 교
普行爲周校하고
비 심 작 서 전
悲心作徐轉하야
소 향 개 무 겁
所向皆無怯하니
영 아 재 차 승
令我載此乘하소서

넓은 행으로 두루 장식하였고
자비한 마음 천천히 굴려서
어디로 가나 겁이 없나니
그 수레에 저를 타게 하소서.

견 고 여 금 강
堅固如金剛하고
선 교 여 환 화
善巧如幻化하야
일 체 무 장 애
一切無障礙하니
영 아 재 차 승
令我載此乘하소서

견고하기 금강과 같고

공교하기는 환술과 같아

모든 것에 장애 없나니

그 수레에 저를 타게 하소서.

광대극청정　　　　　　　보여중생락
廣大極淸淨하야　　　　**普與衆生樂**호대

허공법계등　　　　　　　영아재차승
虛空法界等하니　　　　**令我載此乘**하소서

광대하고 매우 청정해

중생들에게 널리 낙을 주는 일

허공이나 법계와 평등하나니

그 수레에 저를 타게 하소서.

정제업혹륜　　　　　　　단제유전고
淨諸業惑輪하고　　　　**斷諸流轉苦**하야

최마급외도　　　　　　　영아재차승
摧魔及外道하니　　　　**令我載此乘**하소서

모든 업과 번뇌를 깨끗이 하며
모든 헤매는 고통 끊어 버리고
마군과 외도를 꺾어 부수나니
그 수레에 저를 타게 하소서.

지혜만시방　　　　장엄변법계
智慧滿十方하고　　**莊嚴徧法界**하야

보흡중생원　　　　영아재차승
普洽衆生願하니　　**令我載此乘**하소서

지혜는 시방에 가득하고
장엄은 법계에 두루 하여
중생의 소원 널리 만족하게 하나니
그 수레에 저를 타게 하소서.

청정여허공　　　　애견실제멸
淸淨如虛空하야　　**愛見悉除滅**하고

이익일체중　　　　영아재차승
利益一切衆하니　　**令我載此乘**하소서

청정하기 허공과 같아

애욕과 소견 다 없애 버리고

모든 중생을 이익하게 하시나니

그 수레에 저를 타게 하소서.

원 력 속 질 행
願力速疾行하고

정 심 안 은 주
定心安隱住하야

보 운 제 함 식
普運諸含識하니

영 아 재 차 승
令我載此乘하소서

서원의 힘은 빠르게 가고

선정의 마음 편안히 앉아

모든 중생을 널리 옮기시나니

그 수레에 저를 타게 하소서.

여 지 불 경 동
如地不傾動하고

여 수 보 요 익
如水普饒益하야

여 시 운 중 생
如是運衆生하니

영 아 재 차 승
令我載此乘하소서

땅과 같아서 흔들리지 않고
물과 같아서 모두 이익하게 하네
이와 같이 중생을 옮기시나니
그 수레에 저를 타게 하소서.

선재동자가 법문을 듣고 앞에서는 문수보살을 높이 찬탄하고 대승의 가르침에 대해서 간절히 구하였다. 여기에서는 법을 찬탄하고 법의 수레에 태워 주기를 아름다운 노래로써 밝혔다. 굳이 중언부언 군더더기를 붙일 내용이 아니므로 강설을 생략하였다.

(4) 사람과 법을 모두 맺다

사 섭 원 만 륜　　　　총 지 청 정 광
四攝圓滿輪과　　　**總持淸淨光**인

여 시 지 혜 일　　　　원 시 아 영 견
如是智慧日이여　　**願示我令見**하소서

네 가지로 거둬 주는 원만한 수레바퀴
다 지니는[總持] 청정한 광명

이와 같은 지혜의 해를

원컨대 저로 하여금 보게 하소서.

보살이 배워서 실천해야 할 법이란 무엇인가. 육바라밀과 사섭법과 사무량심과 지혜와 다라니와 삼매와 인의예지신과 십선 등이다. 여기에서는 간단히 사섭법과 다라니와 지혜만을 밝혔다.

이 입 법 왕 위
已入法王位하고

이 착 지 왕 관
已着智王冠하고

이 계 묘 법 증
已繫妙法繒이시니

원 능 자 고 아
願能慈顧我하소서

이미 법왕의 지위에 들어가셨고

이미 지혜의 관을 쓰셨고

이미 미묘한 법의 비단을 머리에 맺나니

원컨대 능히 저를 자비로써 돌봐 주소서.

문수보살에 대해서 다시 한 번 밝혔다. 이미 법왕의 지위에 들어가셨고, 이미 지혜의 관을 쓰셨고, 이미 미묘한 법의 비단을 머리에 둘렀다. 끝으로 "원컨대 능히 저를 자비로써 돌봐 주소서."라고 간청하였다.

4) 문수보살이 선재동자를 찬탄하다

爾時에 **文殊師利菩薩**이 **如象王迴**하야 **觀善財童子**하시고 **作如是言**하사대 **善哉善哉**라 **善男子**여 **汝**이 **已發阿耨多羅三藐三菩提心**하고 **復欲親近諸善知識**하야 **問菩薩行**하며 **修菩薩道**하니

이때에 문수사리보살이 큰 코끼리가 몸을 돌려 돌아보듯이 선재동자를 보고 이와 같이 말하였습니다. "훌륭하여라, 훌륭하여라. 선남자여, 그대는 이미 아뇩다라삼먁삼보리심을 내었고, 다시 또 모든 선지식을 가까

이하여 보살의 행을 물으며 보살의 도를 닦으려고 하는 구나."

불교란 무엇인가. 보살의 행이며 보살의 도다. 저 앞에서 문수보살이 선재동자를 위하여 법문을 설하니 선재동자가 법문을 듣고는 문수보살에게 게송으로 자신이 알게 된 불법을 이야기하면서 거듭 불법을 간청하였다. 그 모든 과정을 문수보살이 총정리해서 요약한 말씀이다. "훌륭하여라, 훌륭하여라. 선남자여, 그대는 이미 보리심을 발하였고, 다시 모든 선지식을 친근하여 보살행을 묻고 보살도를 닦으려고 하는구나."라는 것이다. 이것이 곧 바른 불법이다. 만약 보살행을 논하지 않고 말하는 법은 곧 불법이 아니다.

善男子야 親近供養諸善知識이 是具一切智
最初因緣이니 是故於此에 勿生疲厭이어다

"선남자여, 모든 선지식을 친근하고 공양하는 것은

일체 지혜를 갖추는 최초의 인연이니라. 그러므로 이 일에는 피곤해하거나 싫증을 내지 말아야 하느니라."

"모든 선지식을 친근하고 공양하는 것은 일체 지혜를 갖추는 최초의 인연이다."라는 말이 21권이나 되는 입법계품의 사구게四句偈이며 안목眼目이다. 이 한마디로 인하여 선재동자와 일체 불자들은 53명이나 되는 선지식을 친견하게 되는 것이다.

5) 선재동자가 보살행을 묻다

善財가 白言호대 唯願聖者는 廣爲我說하소서 菩
선재 백언   유원성자   광위아설   보

薩이 應云何學菩薩行이며 應云何修菩薩行이며 應
살 응운하학보살행   응운하수보살행   응

云何趣菩薩行이며 應云何行菩薩行이며 應云何淨
운하취보살행   응운하행보살행   응운하정

菩薩行이며
보살행

선재동자가 여쭈었습니다. "바라옵건대 오직 원하옵니다. 거룩하신 이여, 저에게 알려 주소서. 보살은 응당 어떻게 보살의 행을 배우며, 응당 어떻게 보살의 행을 닦으며, 응당 어떻게 보살의 행에 나아가며, 응당 어떻게 보살의 행을 행하며, 응당 어떻게 보살의 행을 깨끗이 합니까?"

응운하입보살행 응운하성취보살행 응운하수순보살행 응운하억념보살행 응운하증광보살행 응운하영보현행 속득원만
應云何入菩薩行이며 **應云何成就菩薩行**이며 **應云何隨順菩薩行**이며 **應云何憶念菩薩行**이며 **應云何增廣菩薩行**이며 **應云何令普賢行**으로 **速得圓滿**이리잇고

"응당 어떻게 보살의 행에 들어가며, 응당 어떻게 보살의 행을 성취하며, 응당 어떻게 보살의 행을 수순하며, 응당 어떻게 보살의 행을 생각하며, 응당 어떻게 보살의 행을 더 넓히며, 응당 어떻게 보현의 행을 빨리 원만케 할 수 있습니까?"

선재동자는 모든 불자, 즉 불교를 공부하는 모든 사람들의 대표다. 그래서 모든 불교 수행자를 대신해서 불법 가운데 가장 요긴한 점을 문수보살에게 물은 것이다. 무엇이 불법 가운데 가장 요긴한 점인가. 보살행이다. 보살행에 대해서 처음 문수보살께 묻고 다음의 선지식과 또 다음의 선지식에게도 같은 질문을 하면서 53명의 선지식을 방문한다. 불교를 공부하는 모든 사람들은 이 질문에서 불법에 대한 눈을 떠야 할 것이다.

6) 문수보살이 보현의 행을 게송으로 권하다

爾時에 **文殊師利菩薩**이 **爲善財童子**하사 **而說頌言**하사대

그때에 문수사리보살이 선재동자를 위하여 게송을 설하였습니다.

선재공덕장	능래지아소
善哉功德藏이여	**能來至我所**하야
발기대비심	근구무상각
發起大悲心하야	**勤求無上覺**이로다

훌륭하여라. 공덕의 창고여,

능히 나에게 찾아와서

자비한 마음을 내고

위없는 깨달음을 부지런히 구함이로다.

이발광대원	제멸중생고
已發廣大願하야	**除滅衆生苦**하고
보위제세간	수행보살행
普爲諸世間하야	**修行菩薩行**이로다

이미 광대한 서원을 세웠으며

중생의 괴로움을 없애려고

널리 모든 세상 사람을 위하여

보살의 행을 수행하도다.

보현보살의 행을 권장하기 전에 선재동자가 발심하여 부

지런히 가장 높은 깨달음을 구하고, 큰 원력을 세워서 일체 중생의 고통을 소멸하고, 모든 세상 사람을 위하여 보살행 닦는 것을 찬탄하였다.

약유제보살
若有諸菩薩이

불염생사고
不厭生死苦하면

즉구보현도
則具普賢道하야

일체무능괴
一切無能壞로다

만일 어떤 보살이
생사의 괴로움을 싫어하지 않으면
보현의 도를 갖추어
아무도 깨뜨릴 수 없으리로다.

복광복위력
福光福威力과

복처복정해
福處福淨海로

여위제중생
汝爲諸衆生하야

원수보현행
願修普賢行이로다

복의 빛, 복의 위력
복의 처소, 복의 깨끗한 바다
그대는 모든 중생을 위하여
보현의 행 닦기를 서원할지어다.

문수보살이 선재동자와 그를 따르는 육천 비구와, 오백 우바새, 오백 우바이, 오백 동자, 오백 동녀와 그 외에 일체 불법을 공부하고 수행하는 모든 사람을 위하여 최종적으로 일러 주고 싶은 말은 무엇인가. 그것은 보살행이며, 보살행 중에서도 보현보살의 행을 닦기를 권하였다.

문수보살은 부처님의 지혜를 대신할 만큼 그 지혜가 가장 뛰어난 보살이다. 그가 권장하는 불법 수행의 길이 곧 보현보살의 행이라는 점을 결코 잊어서는 안 될 것이다. 천 번 만 번 반복하여도 지나치지 않는 것이 보현보살의 행이다.

여 견 무 변 제
汝見無邊際한

시 방 일 체 불
十方一切佛하고

개 실 청 문 법   수 지 불 망 실
皆悉聽聞法하야   **受持不忘失**이어다

그대가 끝닿은 데 없는

시방의 일체 부처님을 친견하고

남김없이 법을 다 들어서

받아 지니고 잊지 말지어다.

여 어 시 방 계   보 견 무 량 불
汝於十方界에   **普見無量佛**하고

성 취 제 원 해   구 족 보 살 행
成就諸願海하야   **具足菩薩行**이어다

그대 시방 세계에서

한량없는 부처님을 널리 친견하고

모든 원력 바다를 성취하여

보살의 행을 구족할지어다.

약 입 방 편 해   안 주 불 보 리
若入方便海하면   **安住佛菩提**요

능 수 도 사 학
能隨導師學하면

당 성 일 체 지
當成一切智이다

만약 방편 바다에 들어가면
부처님의 보리에 머물 것이니
지도하는 스승을 따라 배워서
마땅히 일체 지혜를 이룰지어다.

여 변 일 체 찰
汝徧一切刹하야

미 진 등 제 겁
微塵等諸劫에

수 행 보 현 행
修行普賢行하야

성 취 보 리 도
成就菩提道이다

그대는 모든 세계에 두루 하여
미진수와 같은 겁 동안에
보현의 행을 닦아 행하여
보리의 도를 성취할지어다.

　보현보살의 행을 닦아서 성취하게 되는 보리도란 무엇인가. 깨달음의 길이다. 깨달음의 길이란 남을 이롭게 하는 이타利他의 삶을 깨닫는 것이다. 그것이 곧 견성이며 성불이다. 사람으로 세상에 태어나서 남을 이롭게 하는 이타의 삶을 깨닫지 못한다면 결코 동물과 다를 바 없기 때문이다.

여 어 무 량 찰
汝於無量刹의

무 변 제 겁 해
無邊諸劫海에

수 행 보 현 행
修行普賢行하야

성 만 제 대 원
成滿諸大願이어다

그대는 한량없는 세계에서
그지없는 모든 겁 동안
보현의 행을 닦아 행해서
모든 큰 서원을 이룰지어다.

차 무 량 중 생
此無量衆生이

문 여 원 환 희
聞汝願歡喜하야

개 발 보 리 의
皆發菩提意하야

원 학 보 현 승
願學普賢乘하리라

이 한량없는 중생들이

그대의 소원을 듣고 기뻐하여
모두 다 보리심을 내어서
보현의 법 배우기를 서원하리라.

문수보살은 다시 반복해서 말한다. "그대는 한량없는 세계에서 그지없는 모든 겁 동안 보현의 행을 닦아 행해서 모든 큰 서원을 이룰지어다." 그리고 만약 그렇게 한다면 "한량없는 중생들이 그대의 소원을 듣고 기뻐하여 모두 다 보리심을 내어서 보현의 법 배우기를 서원하리라."라고 하시면서 마지막 게송의 끝을 맺는다.

7) 지혜를 성취하기 위하여 선지식 찾기를 권하다

爾時에 文殊師利菩薩이 說此頌已하시고 告善財童子言하사대 善哉善哉라 善男子여 汝已發阿耨多

라 삼 먁 삼 보 리 심   구 보 살 행
羅三藐三菩提心하고 **求菩薩行**하니

그때에 문수사리보살이 이 게송을 설하고 나서 선재동자에게 말하였습니다. "훌륭하고, 훌륭하여라. 선남자여, 그대가 이미 아뇩다라삼먁삼보리심을 내고 보살의 행을 구하는구나."

지혜가 있는 사람은 보살행을 하는 사람이다. 보살행을 하는 사람은 곧 지혜가 있는 사람이다. 그러므로 지혜를 성취하기 위해 가장 중요한 일은 선지식을 찾아 배우는 일이다. 이러한 사실을 강설하는 일도 화엄경이라는 선지식을 친견하여 배웠기 때문이다. 세상에서 가장 훌륭한 선지식은 화엄경이다. 화엄경보다 더 뛰어난 선지식은 없으므로 화엄경 선지식을 항상 가까이 모시고 배워야 하리라. 53선지식도 이 화엄경 안에 다 계시기 때문이다.

선 남 자   약 유 중 생   능 발 아 뇩 다 라 삼 먁 삼 보
善男子야 **若有衆生**이 **能發阿耨多羅三藐三菩**

리심   시 사 위 난   능 발 심 이   구 보 살 행   배
提心이면 是事爲難이며 能發心已하고 求菩薩行은 倍

갱 위 난
更爲難이니라

"선남자여, 만약 어떤 중생이 아뇩다라삼먁삼보리심을 내는 것은 매우 어려운 일이거니와, 능히 마음을 내고 보살의 행을 구하는 것은 배나 더욱 어려운 일이니라."

보리심을 발하는 일은 참으로 어렵다. 자기를 뒤로하고 남을 먼저 이롭게 하는 이타심을 내는 일은 참으로 어렵다. 비록 이타심을 내었다 하더라도 그것을 실천으로 옮기는 일은 더욱 어렵다. 이타심을 항상 생각하지만 일상생활 모든 부분에서 적극적으로 실천에 옮기는 일은 참으로 어렵다. 그러므로 몸과 말과 생각으로 끊임없이 반복해야 한다. 관음행자가 관세음보살을 반복해서 부르듯이.

선 남 자   약 욕 성 취 일 체 지 지   응 결 정 구 진
善男子야 若欲成就一切智智인댄 應決定求眞

선 지 식
善知識이니

"선남자여, 일체 지혜의 지혜를 성취하려거든 응당 결정코 참다운 선지식을 찾아야 하느니라."

지혜는 보살행을 함께하고 있고 보살행은 지혜를 함께 하고 있다. 마치 동전의 양면과 같은 것이다. 이와 같은 지혜를 성취하려면 반드시 참다운 선지식을 구해야 한다. 참다운 선지식은 어디에 있는가. 바로 지금 우리들이 읽고 있는 화엄경이 그것이다.

선남자 구선지식 물생피해 견선지식
善男子야 **求善知識**에 **勿生疲懈**하며 **見善知識**에

물생염족 어선지식 소유교회 개응수순
勿生厭足하며 **於善知識**의 **所有教誨**를 **皆應隨順**하며

어선지식 선교방편 물견과실
於善知識의 **善巧方便**에 **勿見過失**이어다

"선남자여, 선지식을 찾는 일에 고달프고 게으른 생

각을 내지 말고, 선지식을 보고는 싫어하는 마음을 내지 말고, 선지식의 가르치는 말씀은 다 응당 그대로 순종하고, 선지식의 교묘한 방편에 허물을 보지 말라."

그러므로 선남자 선여인들이여, 부디 화엄경이라는 선지식을 찾는 일에 고달프고 게으른 생각을 내지 마라. 부디 화엄경이라는 선지식을 보고 싫어하는 마음을 내지 마라. 부디 화엄경이라는 선지식이 가르치는 말씀을 다 응당 그대로 순종하라. 부디 화엄경이라는 선지식의 교묘한 방편에 허물을 보지 마라. 53선지식이 이 화엄경에 다 계시느니라.

8) 다음의 선지식을 지시하다

^{선남자} ^{어차남방} ^{유일국토} ^{명위승락}
善男子야 **於此南方**에 **有一國土**하니 **名爲勝樂**

^{기국} ^{유산} ^{명왈묘봉} ^{어피산중} ^유
이요 **其國**에 **有山**하니 **名曰妙峯**이며 **於彼山中**에 **有**

일비구   명왈덕운   여가왕문   보살   운
一比丘하니 名曰德雲이라 汝可往問호대 菩薩이 云

하학보살행   보살   운하수보살행   내지보
何學菩薩行이며 菩薩이 云何修菩薩行이며 乃至菩

살   운하어보현행   질득원만   덕운비
薩이 云何於普賢行에 疾得圓滿이리잇고하면 德雲比

구   당위여설
丘가 當爲汝說하리라

"선남자여, 여기서 남쪽으로 가면 승락勝樂이라는 나라가 있고, 그 나라에 묘봉妙峯이란 산이 있고, 그 산중에 비구가 있으니 이름을 덕운德雲이라 하느니라. 그대는 그에게 가서 묻기를 '보살이 어떻게 보살의 행을 배우며, 보살이 어떻게 보살의 행을 닦으며, 내지 보살이 어떻게 보현의 행을 빨리 원만케 합니까?'라고 하라. 덕운비구는 마땅히 그대를 위해 말하여 주리라."

53명의 선지식 가운데 화엄경 약찬게에서 "선재동자선지식 문수사리최제일"이라고 하였듯이 제일 처음의 선지식은 문수보살이었다. 문수보살은 다음의 선지식인 덕운德雲비구

를 소개한다. 앞으로도 이와 같이 다음 선지식이 또 다음의 선지식을 소개하고, 또 다음 선지식이 또 다음의 선지식을 소개하는 것으로 이어진다.

爾時_에 善財童子_가 聞是語已_{하고} 歡喜踊躍_{하야}
頭頂禮足_{하며} 繞無數帀_{하고} 殷勤瞻仰_{하며} 悲泣流涙_{하고} 辭退南行_{하니라}

(이시 선재동자 문시어이 환희용약 두정례족 요무수잡 은근첨앙 비읍유루 사퇴남행)

그때에 선재동자가 이 말을 듣고는 기뻐 높이 뛰면서 문수보살의 발에 엎드려 절하고 수없이 돌고 은근하게 앙모하면서 눈물을 흘리고 하직하고 남쪽으로 떠났습니다.

선재동자여, 어찌하여 문수보살을 이별하고 떠나는가. 다음의 선지식을 소개받은 것은 기쁜 일이지만 아무리 그렇더라도 문수보살을 떠날 수 있단 말인가. 아마도, 아마도,

아마도, 선재동자의 마음속에는 문수보살의 지혜가 가득하였으리라. 문수보살이 선재동자의 가슴속에 충만하였으리라. 그와 같이 문수보살을 떠나지 않은 채 회한과 기쁨의 눈물을 비 오듯 흘리면서 남쪽으로 남쪽으로 떠나갔으리라.

문수지남도 제2, 선재동자가 덕운비구를 친견하다.

【 십주위十住位 선지식 】

2. 덕운비구德雲比丘

제1 발심주發心住 선지식

1) 덕운비구를 뵙고 법을 묻다

向勝樂國_{하야} 登妙峯山_{하야} 於其山上_에 東西南北_과 四維上下_로 觀察求覓_{하야} 渴仰欲見德雲比丘_{러니}

승락국을 향하여 가서 묘봉산에 올랐습니다. 그 산 위에서 동서남북과 그 사이 네 간방과 위와 아래를 살펴보고 찾아다니면서 목마른 듯이 덕운비구를 보려 하였습니다.

두 번째 선지식으로서 십주위十住位 중 제1 발심주發心住의 법을 표한 덕운德雲비구다. 선재동자는 얼마나 가슴이 떨렸겠는가. 문수보살의 지시를 받고 멀고 먼 구도의 길을 출발하여 처음 찾아가는 선지식이다.

經^경於^어七^칠日^일에 見^견彼^피比^비丘^구가 在^재別^별山^산上^상하야 徐^서步^보經^경行^행하고 見^견已^이往^왕詣^예하야 頂^정禮^례其^기足^족하며 右^우繞^요三^삼帀^잡하고 於^어前^전而^이住^주하야 作^작如^여是^시言^언호대

7일이 지난 뒤에 그 비구가 다른 산 위에서 거니는 것을 보았습니다. 보고 나서는 그 앞에 나아가서 엎드려 그의 발에 예배하고 오른쪽으로 세 번 돌고는 그의 앞에서 이와 같이 말하였습니다.

聖者여 我已先發阿耨多羅三藐三菩提心호니
而未知菩薩이 云何學菩薩行이며 云何修菩薩行이며 乃至應云何於普賢行에 疾得圓滿이리잇고 我聞
聖者는 善能誘誨라하니 唯願垂慈하사 爲我宣說하소서
云何菩薩이 而得成就阿耨多羅三藐三菩提니잇고

"성스러운 분이시여, 제가 이미 먼저 아뇩다라삼먁삼보리심을 내었으나 보살이 어떻게 보살의 행을 배우며, 어떻게 보살의 행을 닦으며, 내지 어떻게 해야 보현의 행을 빨리 원만케 하는지를 알지 못합니다. 제가 들으니 성스러운 분께서 능히 잘 가르쳐 주신다고 하셨습니다. 바라옵건대 자비하신 마음으로 저를 위해 말씀하여 주십시오. 어떻게 하면 보살이 아뇩다라삼먁삼보리를 성취할 수 있습니까?"

선지식을 만나고 그 첫 질문이 역시 보살행에 대한 질문이다. 모든 불교인은 처음도 보살행이며, 중간도 보살행이며, 끝도 보살행이다. 보살행은 보리심으로부터 출발한다. 보리에 대해서 사전적 해석으로 정리해 둔다.

아뇩다라삼먁삼보리阿耨多羅三藐三菩提는 줄여서 아뇩삼보리 · 아뇩보리다. 번역하여 무상정등정각無上正等正覺 또는 무상정등각無上正等覺이다. 즉 불과佛果의 지혜를 말한다. 아뇩다라는 무상無上, 삼먁삼보리는 정변지正遍智 또는 정등정각이라 번역하니, 앞의 것은 구역이고 뒤의 것은 신역이다. 줄여서 정각이라 하니, 범부가 불각不覺인 데 대하여 미계迷界를 여의고 각지覺知가 원만하여 존재하는 모든 것의 실상을 모두 아는 부처님의 가장 높은 지혜이다.

2) 덕운비구가 선재동자에게 법을 설하다

(1) 선재동자를 찬탄하다

시 덕운비구 고선재언 선재선재 선
時에 德雲比丘가 告善財言하사대 善哉善哉라 善

남자 여이능발아뇩다라삼먁삼보리심 부
男子여 **汝已能發阿耨多羅三藐三菩提心**하고 **復**

능청문제보살행 여시지사 난중지난
能請問諸菩薩行하니 **如是之事**는 **難中之難**이니라

그때에 덕운비구가 선재동자에게 말하였습니다. "훌륭하고, 훌륭하여라. 선남자여, 그대가 이미 아뇩다라삼먁삼보리심을 내었고, 다시 또 모든 보살의 행을 물으니 이와 같은 일은 어려운 중에 어려운 일입니다."

보리심을 발하고도 보살행으로 옮겨 가기는 쉬운 일이 아니다. 그래서 선재동자가 보리심을 발하고 다시 보살행에 대해서 물으므로 이와 같은 일은 어렵고도 또 어렵다고 칭찬하는 것이다.

소위구보살행 구보살경계 구보살출
所謂求菩薩行하며 **求菩薩境界**하며 **求菩薩出**

리도 구보살청정도 구보살청정광대심
離道하며 **求菩薩淸淨道**하며 **求菩薩淸淨廣大心**하며

구보살성취신통
求菩薩成就神通하며

 "이른바 보살의 행을 구하며, 보살의 경계를 구하며, 보살의 벗어나는 도를 구하며, 보살의 청정한 도를 구하며, 보살의 청정하고 광대한 마음을 구하며, 보살의 성취한 신통을 구하며,

구보살시현해탈문 구보살시현세간소작
求菩薩示現解脫門하며 **求菩薩示現世間所作**
업 구보살수순중생심 구보살생사열반
業하며 **求菩薩隨順眾生心**하며 **求菩薩生死涅槃**
문 구보살 관찰유위무위 심무소착
門하며 **求菩薩**의 **觀察有爲無爲**에 **心無所着**이니라

 보살의 해탈문을 나타내 보임을 구하며, 보살이 세간에서 짓는 업을 나타내 보이기를 구하며, 보살이 중생의 마음을 따라 줌을 구하며, 보살의 생사하고 열반하는 문을 구하며, 보살이 함이 있고 함이 없음을 관찰하되 마음이 집착이 없음을 구함입니다."

보살행을 구하는 데 대해서 좀 더 자세하게 열거하였다. 보살의 행과 보살의 경계와 보살이 번뇌에서 벗어나는 길과 보살의 청정한 길과 보살의 청정하고 광대한 마음과 보살의 신통 등이다.

(2) 법의 경계를 바로 보이다

善男子_야 我得自在決定解力_{하야} 信眼淸淨_{하며} 智光照耀_{하며} 普觀境界_{하며} 離一切障_{하며} 善巧觀察_{하며} 普眼明徹_{하야} 具淸淨行_{하며}

"선남자여, 나는 자유자재하고 결정하게 이해하는 힘을 얻어서 믿는 눈이 청정하고, 지혜의 빛이 밝게 비치므로 경계를 두루 관찰하여 모든 장애를 여의었으며, 교묘하게 관찰하여 넓은 눈이 밝아서 청정한 행을 갖추었습니다."

왕 예 시 방 일 체 국 토 　　공 경 공 양 일 체 제 불
往詣十方一切國土하야 **恭敬供養一切諸佛**하며

상 념 일 체 제 불 여 래 　　총 지 일 체 제 불 정 법
常念一切諸佛如來하야 **總持一切諸佛正法**하며

상 견 일 체 시 방 제 불
常見一切十方諸佛하나니라

"시방의 모든 국토에 가서 일체 모든 부처님을 공경하고 공양하며, 일체 모든 부처님 여래를 항상 생각하며, 일체 모든 부처님의 바른 법을 모두 지니고, 일체 시방의 모든 부처님을 항상 친견합니다."

덕운비구는 자신이 얻은 법에 대해서 낱낱이 밝힌다. 성엄법사(聖嚴法師, 1930~2009)는 『108자재어自在語』에서 "선행은 남에게 알리되 보답을 구해서는 안 된다. 모두들 좋은 일을 하도록 격려하고, 좋은 일이 더 퍼지고, 더 많은 호응을 불러일으키며, 더 오래 가도록 하는 것이다."[2]라고 하였다.

---

2) 善要讓人知 卻不求回報. 我們鼓勵大家都來做好事, 讓好事更普及, 更多響應 更長久.

자신의 공부를 결코 자랑하는 것이 아니다.

所謂見於東方一佛二佛과 十佛百佛과 千佛 百千佛과 億佛百億佛과 千億佛百千億佛과 那由他億佛과 百那由他億佛과 千那由他億佛과 百千那由他億佛하며

"이른바 동방에서 한 부처님과, 두 부처님과, 열 부처님과, 백 부처님과, 천 부처님과, 백천 부처님과, 억 부처님과, 백억 부처님과, 천억 부처님과, 백천억 부처님과, 나유타 억 부처님과, 백 나유타 억 부처님과, 천 나유타 억 부처님과, 백천 나유타 억 부처님을 친견합니다."

乃至見^{내지견}無數無量無邊無等^{무수무량무변무등}과 不可數不可稱^{불가수불가칭}
不可思不可量不可說^{불가사불가량불가설}과 不可說不可說佛^{불가설불가설불}하며

"내지 수없고, 한량없고, 그지없고, 같을 이 없고, 셀 수 없고, 일컬을 수 없고, 생각할 수 없고, 헤아릴 수 없고, 말할 수 없고, 말할 수 없이 말할 수 없는 부처님을 친견합니다."

乃至見閻浮提微塵數佛^{내지견염부제미진수불}과 四天下微塵數佛^{사천하미진수불}과
千世界微塵數佛^{천세계미진수불}과 二千世界微塵數佛^{이천세계미진수불}과 三千世界微塵數佛^{삼천세계미진수불}과 十佛刹微塵數佛^{십불찰미진수불}과 乃至不可說不可說佛刹微塵數佛^{내지불가설불가설불찰미진수불}이라 如東方^{여동방}하야 南西北方^{남서북방}과 四維上下^{사유상하}도 亦復如是^{역부여시}하니라

"내지 염부제 미진수 부처님과, 사천하의 미진수 부처님과, 천 세계의 미진수 부처님과, 이천 세계의 미진수 부처님과, 삼천 세계의 미진수 부처님과, 열 부처님 세계의 미진수 부처님과, 내지 말할 수 없이 말할 수 없는 부처님 세계의 미진수 부처님을 친견합니다. 동방에서와 같이 남방, 서방, 북방과 네 간방과 상방, 하방에서도 역시 이와 같습니다."

덕운비구가 자신의 수행에서 가장 널리 알리고 싶은 것은 부처님을 친견하는 일이다. 얼마나 많은 부처님을 친견하는가를 낱낱이 밝혔는데 대심大心중생의 큰 마음이 아니면 납득이 되지 않는 숫자다. 한마디로 정리하면 모든 사람과 모든 생명과 우주법계 삼라만상과 천지만물 유정무정과 산천초목 두두물물을 하나도 남김없이 다 부처님으로 받들어 섬기며 친견하고 공경하고 공양하며 존중하고 찬탄한다는 뜻이다. 이와 같은 견해가 화엄불교의 기본적인 안목이다.

一一方中의 所有諸佛의 種種色相과 種種形貌와
種種神通과 種種遊戲와 種種衆會의 莊嚴道場과
種種光明의 無邊照耀와 種種國土와 種種壽命으로
隨諸衆生의 種種心樂하야 示現種種成正覺門하사
於大衆中에 而獅子吼하시니라

"낱낱 방위에 계시는 모든 부처님의 갖가지 색상과, 갖가지 형상과, 갖가지 신통과, 갖가지 유희와, 갖가지 모인 대중과, 장엄한 도량과, 갖가지 광명이 끝없이 비침과, 갖가지 국토와, 갖가지 수명과, 중생들의 갖가지 마음을 따라서 갖가지로 바른 깨달음 이루는 문을 나타내어서 대중들 가운데서 사자후하심을 다 친견합니다."

앞에서 열거한 그 모든 부처님의 갖가지 색상과, 갖가지 형상과, 갖가지 신통과, 갖가지 유희와, 갖가지 모인 대중과, 장엄한 도량 등도 빠짐없이 다 친견한다. 이것이 덕운비구의 안목이며 수행이다.

3) 자기는 겸손하고 다른 이의 수승함을 추천하다

善男子야 我唯得此憶念一切諸佛境界智慧光明普見法門이어니 豈能了知諸大菩薩의 無邊智慧와 淸淨行門이리오

"선남자여, 나는 오직 이 일체 모든 부처님의 경계를 생각하여 지혜의 광명으로 두루 보는 법문만을 얻었거니와, 모든 대보살들의 그지없는 지혜로 청정하게 수행하는 문이야 어찌 능히 알 수 있겠습니까."

진정한 선지식의 자세란 이와 같아야 한다. 덕운비구는 모든 사람과 일체 생명과 유정무정 일체 존재를 모두 부처님

으로 보아 존중하고 받들어 섬기는 안목과 수행을 지녔으나, 자신이 아는 것이란 하잘것없는 것이고 다른 대보살들의 가없는 지혜와 청정한 수행을 자신으로서는 결코 알 수 없는 것이라고 하면서 아래와 같은 법들을 열거하여 소개한다.

所謂智光普照念佛門이니 常見一切諸佛國土의
種種宮殿이 悉嚴淨故며

"이른바 지혜의 빛으로 두루 비추는 염불문이니, 일체 모든 부처님 국토의 갖가지 궁전을 청정하게 장엄함을 항상 보는 연고입니다."

전체적인 표현과 개별적인 표현을 합하여 모두 21개의 문을 밝혔다. 모두가 염불문이다. 청량스님은 소疏에서, "최초의 선지식이 먼저 염불문을 밝힌 것은 이것이 온갖 수행에서 우선하기 때문이다. 그러므로 지도론에서 이르기를, '보살이 반야바라밀로서 어머니를 삼고, 반주삼매般舟三昧로 아버지를 삼는 연고며, 부처님을 의지해서 비로소 나머지의 수승한 행을 이루는 연고이니라. 또 처음 발심주 가운데는 부처님을 인연으로 하여 발심하여 즐겨 공양하는 연고이니라.'"[3]라고 하였다. 부처님을 생각한다는 염불문이 가장 먼저 소개된 까닭을 밝힌 것이다.

令一切衆生念佛門이니 隨諸衆生心之所樂하야
皆令見佛하고 得淸淨故며

"일체 중생으로 하여금 부처님을 생각하게 하는 염불문이니, 모든 중생의 마음에 좋아함을 따라서 다 부처님을 뵈옵고 청정함을 얻게 하는 연고입니다."

---

3) 最初善友, 先明【念佛法門】者. 以是衆行之先故. 故智論云 '菩薩以般若波羅蜜爲母. 般舟三昧爲父故. 依佛方成餘勝行故. 又初住中緣佛發心樂供養故.'

영안주력염불문　　영입여래십력중고
令安住力念佛門이니 **令入如來十力中故**며

"힘에 편안히 머물게 하는 염불문이니, 여래의 열 가지 힘에 들게 하는 연고입니다."

영안주법염불문　　견무량불　　청문법고
令安住法念佛門이니 **見無量佛**하고 **聽聞法故**며

"법에 편안히 머물게 하는 염불문이니, 한량없는 부처님을 친견하고 법문을 듣는 연고입니다."

조요제방염불문　　실견일체제세계중등무
照耀諸方念佛門이니 **悉見一切諸世界中等無**

차별제불해고
差別諸佛海故며

"모든 방위를 밝게 비추는 염불문이니, 일체 모든 세계에 있는 차별이 없이 평등한 부처님 바다를 다 보는 연고입니다."

입불가견처염불문　　실견일체미세경중제
入不可見處念佛門이니 **悉見一切微細境中諸**

불자재신통사고
佛自在神通事故며

"볼 수 없는 곳에 들어가는 염불문이니, 모든 미세한 경계에 계시는 모든 부처님의 자유자재한 신통을 다 보는 연고입니다."

주어제겁염불문　　일체겁중　 상견여래제
住於諸劫念佛門이니 **一切劫中**에 **常見如來諸**

소시위　　무잠사고
所施爲하야 **無暫捨故**며

"여러 겁에 머무는 염불문이니, 모든 겁 동안에 여래의 하시는 모든 일을 항상 보고 잠깐도 버리지 않는 연고입니다."

주일체시염불문　　어일체시　 상견여래
住一切時念佛門이니 **於一切時**에 **常見如來**하고

친 근 동 주 　　불 사 리 고
親近同住하야 **不捨離故**며

"일체 시간에 머무는 염불문이니, 모든 시간에 여래를 항상 친견하고 친근하여 함께 있어서 잠깐도 떠나지 않는 연고입니다."

주 일 체 찰 염 불 문 　　일 체 국 토 　함 견 불 신 　초
住一切刹念佛門이니 **一切國土**에 **咸見佛身**이 **超**

과 일 체 　　무 여 등 고
過一切하야 **無與等故**며

"모든 세계에 머무는 염불문이니, 일체 국토에서 부처님 몸이 온갖 것을 다 초과하여 더불어 같은 이가 없음을 다 보는 연고입니다."

주 일 체 세 염 불 문 　　수 어 자 심 지 소 욕 락 　　보
住一切世念佛門이니 **隨於自心之所欲樂**하야 **普**

견 삼 세 제 여 래 고
見三世諸如來故며

"모든 세상에 머무는 염불문이니, 자기 마음이 좋아함을 따라서 세 세상의 모든 여래를 두루 보는 연고입니다."

주 일 체 경 염 불 문　　보 어 일 체 제 경 계 중　　견
住一切境念佛門이니 **普於一切諸境界中**에 **見**

제 여 래　 차 제 현 고
諸如來가 **次第現故**며

"모든 경계에 머무는 염불문이니, 일체 모든 경계에서 모든 여래가 차례로 나타나심을 널리 보는 연고입니다."

주 적 멸 염 불 문　　　 어 일 념 중　　견 일 체 찰 일 체
住寂滅念佛門이니 **於一念中**에 **見一切刹一切**

제 불　 시 열 반 고
諸佛이 **示涅槃故**며

"고요한 데 머무는 염불문이니, 잠깐 동안에 모든 세계의 모든 부처님이 열반을 보이심을 보는 연고입니다."

주원리염불문 어일일중 견일체불 종
住遠離念佛門이니 **於一日中**에 **見一切佛**이 **從**
기소주이출거고
其所住而出去故며

"멀리 떠난 데 머무는 염불문이니, 하루 동안에 모든 부처님이 머무시던 데서 떠나가심을 보는 연고입니다."

주광대염불문 심상관찰일일불신 충변
住廣大念佛門이니 **心常觀察一一佛身**이 **充徧**
일체제법계고
一切諸法界故며

"광대한 데 머무는 염불문이니, 낱낱 부처님이 일체 모든 법계에 가득하심을 항상 마음으로 관찰하는 연고입니다."

주미세염불문 어일모단 유불가설여래
住微細念佛門이니 **於一毛端**에 **有不可說如來**

출현　　실지기소　　이승사고
出現이어든 **悉至其所**하야 **而承事故**며

"미세한 데 머무는 염불문이니, 한 털끝에 말할 수 없는 여래가 출현하신 것을 그곳마다 다 가서 섬기는 연고입니다."

주장엄염불문　　어일념중　　견일체찰　　개
住莊嚴念佛門이니 **於一念中**에 **見一切刹**에 **皆**
유제불　성등정각　　현신변고
有諸佛이 **成等正覺**하야 **現神變故**며

"장엄한 데 머무는 염불문이니, 잠깐 동안에 모든 세계에서 모든 부처님이 다 등정각을 이루고 신통변화를 나타내심을 보는 연고입니다."

주능사염불문　　견일체불　　출현세간　　방
住能事念佛門이니 **見一切佛**이 **出現世間**하사 **放**
지혜광　　전법륜고
智慧光하야 **轉法輪故**며

"능히 하는 일에 머무는 염불문이니, 모든 부처님이 세간에 출현하시어 지혜의 광명을 놓으며 법륜 굴리심을 보는 연고입니다."

住自在心念佛門이니 **知隨自心所有欲樂**하야 **一切諸佛**이 **現其像故**며
_{주자재심염불문　　지수자심소유욕락　　일체제불　현기상고}

"자유자재한 마음에 머무는 염불문이니, 자기 마음에 좋아함을 따라서 일체 모든 부처님이 그 형상을 나타내시는 줄을 아는 연고입니다."

住自業念佛門이니 **知隨衆生所積集業**하야 **現其影像**하야 **令覺悟故**며
_{주자업염불문　　지수중생소적집업　　현기영상　　영각오고}

"자기의 업에 머무는 염불문이니, 중생들의 쌓은 업을 따라 그 영상을 나타내어 깨닫게 하는 줄을 아는 연

고입니다."

주신변염불문　　견불소좌광대연화　　주변
住神變念佛門이니 **見佛所坐廣大蓮華**가 **周徧**

법계　　이개부고
法界하야 **而開敷故**며

"신통변화에 머무는 염불문이니, 부처님이 앉으신 광대한 연꽃이 법계에 두루 하게 핀 것을 보는 연고입니다."

주허공염불문　　관찰여래소유신운　　장엄법
住虛空念佛門이니 **觀察如來所有身雲**이 **莊嚴法**

계허공계고　　이아운하능지능설피공덕행
界虛空界故니 **而我云何能知能說彼功德行**이리오

"허공에 머무는 염불문이니, 여래의 소유하신 몸 구름이 법계와 허공계를 장엄하였음을 관찰하는 연고입니다. 그러나 내가 어떻게 저 공덕의 행을 능히 알며 능히 말할 수 있겠습니까?"

21개의 염불문을 밝히면서 그것은 모두 다른 대보살들의 지혜와 수행이라고 하였으나 실은 덕운비구 자신의 공덕이며 자신의 지혜며 자신의 수행이다.

4) 다음 선지식 찾기를 권유하다

善男子_야 南方_에 有國_{하니} 名曰海門_{이요} 彼有比丘_{하니} 名爲海雲_{이라} 汝往彼問_{호대} 菩薩_이 云何學菩薩行_{이며} 修菩薩道_{리잇고하면} 海雲比丘_가 能分別說_{하야} 發起廣大善根因緣_{하리라}

"선남자여, 남쪽에 한 나라가 있으니 이름이 해문海門이요, 그곳에 비구가 있으니 이름을 해운海雲이라 합니다. 그대는 그에게 가서 묻기를 '보살이 어떻게 보살의 행을 배우며, 보살의 도를 닦습니까?'라고 물으십시오. 해운비구가 광대한 착한 뿌리를 발기하는 인연을 분별하여 말해 줄 것입니다."

덕운비구는 다음으로 해운海雲비구를 소개하였다. 새로운 선지식을 소개받을 때마다 선재동자와 그를 따르는 대중들의 마음이 어떻겠는가. 이 화엄경을 읽는 모든 독자들도 다 같은 마음으로 따라가야 할 것이다.

善男子야 海雲比丘가 當令汝로 入廣大助道位하며 當令汝로 生廣大善根力하며 當爲汝하야 說發菩提心因하며 當令汝로 生廣大乘光明하며 當令汝로 修廣大波羅蜜하며

"선남자여, 해운비구가 마땅히 그대로 하여금 광대한 도를 도와주는 지위에 들어가게 하며, 마땅히 그대로 하여금 광대한 착한 뿌리의 힘을 내게 하며, 마땅히

그대에게 보리심을 내는 원인을 말하며, 마땅히 그대로 하여금 광대한 승乘의 광명을 내게 하며, 마땅히 그대로 하여금 광대한 바라밀다를 닦게 할 것입니다."

當令汝로 入廣大諸行海하며 當令汝로 滿廣大誓願輪하며 當令汝로 淨廣大莊嚴門하며 當令汝로 生廣大慈悲力하리라 時에 善財童子가 禮德雲比丘足하며 右繞觀察하고 辭退而去하니라

"마땅히 그대로 하여금 광대한 모든 수행 바다에 들어가게 하며, 마땅히 그대로 하여금 광대한 서원을 만족하게 하며, 마땅히 그대로 하여금 광대하게 장엄하는 문을 깨끗이 하게 하며, 마땅히 그대로 하여금 광대한 자비의 힘을 내게 할 것입니다." 그때에 선재동자가 덕운비구의 발에 예배하고 오른쪽으로 돌며 관찰하고 하직하고 물러갔습니다.

만약 다음 선지식을 만나게 되면 그대에게 마땅히 이러한 큰 소득이 있을 것이라는 점을 하나하나 밝혔다. 덕운비구로부터 다음 선지식에게서 얻을 소득을 듣고 나니 기대되는 마음에서 별다른 미련도 없이 떠나갔다.

문수지남도 제3, 선재동자가 해운비구를 친견하다.

3. 해운비구 海雲比丘
제2 치지주治地住 선지식

1) 해운비구를 뵙고 법을 묻다

(1) 법을 관찰하며 선지식을 찾다

爾時에 善財童子가 一心思惟善知識敎하야 正念觀察智慧光明門하며 正念觀察菩薩解脫門하며 正念觀察菩薩三昧門하며 正念觀察菩薩大海門하며 正念觀察諸佛現前門하며

그때에 선재동자는 한결같은 마음으로 선지식의 가르침을 생각하며, 바른 생각으로 지혜 광명의 문을 관

찰하며, 바른 생각으로 보살의 해탈문을 관찰하며, 바른 생각으로 보살의 삼매문을 관찰하며, 바른 생각으로 보살의 큰 바다의 문을 관찰하며. 바른 생각으로 모든 부처님이 앞에 나타나는 문을 관찰하며,

正念觀察諸佛方所門하며 正念觀察諸佛軌則門하며 正念觀察諸佛等虛空界門하며 正念觀察諸佛出現次第門하며 正念觀察諸佛所入方便門하고 漸次南行하야 至海門國하니라

바른 생각으로 모든 부처님 방위[方所]의 문을 관찰하며, 바른 생각으로 모든 부처님 법칙의 문을 관찰하며, 바른 생각으로 모든 부처님의 허공계와 평등한 문을 관찰하며, 바른 생각으로 모든 부처님의 차례로 나타나시는 문을 관찰하며, 바른 생각으로 모든 부처님께서 들어가신 방편의 문을 관찰하면서 점점 남쪽으로 가서 해

문국海門國에 이르렀습니다.

　세 번째 선지식은 십주十住 중 제2 치지주治地住에 해당하는 선지식이다. 선지식을 찾아가는 길에서 수행자는 무엇을 생각하며 무엇을 관찰하는가. 한결같은 마음으로 선지식의 가르침을 생각하며, 바른 생각으로 지혜 광명을 관찰하며, 바른 생각으로 보살의 해탈문을 관찰하는 등 반드시 생각해야 할 것을 생각하고 관찰해야 할 것을 관찰한다. 법회에 갔다가 돌아오는 길에 우리들은 어떻게 하는가를 곰곰이 살펴볼 일이다.

(2) 해운비구에게 보살의 길을 묻다

向海雲比丘所_{하야} 頂禮其足_{하며} 右繞畢_{하고} 於前合掌_{하야} 作如是言_{호대} 聖者_여 我已先發阿耨多羅三藐三菩提心_{하야} 欲入一切無上智海_{하노니} 而

미지보살　운하능사세속가　　생여래가
未知菩薩이 **云何能捨世俗家**하고 **生如來家**하며

　해운海雲비구가 있는 곳으로 가서 엎드려 그의 발에 절하고 오른쪽으로 돌기를 마치고 합장하고 이와 같은 말을 하였습니다. "거룩하신 이여, 저는 이미 먼저 아뇩다라삼먁삼보리심을 내었고, 일체 위없는 지혜의 바다에 들고자 하오나 보살이 어떻게 능히 세속의 집을 버리고 여래의 집에 태어납니까?"

　　　　운하능도생사해　　　입불지해　　　운하능리
云何能度生死海하야 **入佛智海**하며 **云何能離**

범부지　　입여래지　　　운하능단생사류　　　입
凡夫地하고 **入如來地**하며 **云何能斷生死流**하고 **入**

보살행류　　운하능파생사륜　　　성보살원륜
菩薩行流하며 **云何能破生死輪**하고 **成菩薩願輪**하며

운하능멸마경계　　　현불경계
云何能滅魔境界하고 **顯佛境界**하며

　"어떻게 능히 생사의 바다를 건너서 부처님 지혜의 바다에 들어가며, 어떻게 능히 범부의 지위를 떠나서

여래의 지위에 들어가며, 어떻게 능히 생사의 흐름을 끊고 보살행의 흐름에 들어가며, 어떻게 능히 생사의 바퀴를 깨뜨리고 보살의 서원 바퀴를 이루며, 어떻게 능히 마군의 경계를 없애고 부처님의 경계를 나타냅니까?"

云何能竭愛欲海하고 長大悲海하며 云何能閉
衆難惡趣門하고 開諸大涅槃門하며 云何能出三
界城하야 入一切智城하며 云何能棄捨一切玩好之
物하야 悉以饒益一切衆生이니잇고

"어떻게 능히 애욕의 바다를 말리고 자비의 바다를 자라게 하며, 어떻게 능히 모든 고난과 악취의 문을 닫고 모든 큰 열반의 문을 열며, 어떻게 능히 세 세계의 성城에서 벗어나 일체 지혜의 성에 들어가며, 어떻게 능히 모든 장난감과 같은 물건을 버려서 일체 중생을 이익되게 할 수 있겠습니까?"

선재동자가 해운비구에게 보리심을 발한 뒤에 어떻게 하면 세속의 집을 버리고 여래의 집에 태어나는가와, 어떻게 하면 생사의 바다를 건너서 부처님 지혜의 바다에 들어가는가와, 어떻게 하면 능히 범부의 지위를 떠나고 여래의 지위에 들어가서 일체 중생을 이익하게 하는가 등에 대해서 물었다.

2) 해운비구가 선재동자에게 법을 설하다

(1) 보리심을 내는 데 필요한 자세

시 해운비구 고선재언 선남자 여이
時에 **海雲比丘**가 **告善財言**하사대 **善男子**야 **汝已**

발아뇩다라삼먁삼보리심야 선재 언 유
發阿耨多羅三藐三菩提心耶아 **善財**가 **言**호대 **唯**라

아이선발아뇩다라삼먁삼보리심
我已先發阿耨多羅三藐三菩提心호이다

이때에 해운비구가 선재동자에게 말하였습니다. "선

남자여, 그대가 이미 아뇩다라삼먁삼보리심을 내었습니까?" 선재동자가 대답하였습니다. "그렇습니다. 저는 이미 아뇩다라삼먁삼보리심을 내었습니다."

海雲이 言하사대 善男子야 若諸衆生이 不種善根이면 則不能發阿耨多羅三藐三菩提心이니라

해운비구가 말하였습니다. "선남자여, 만약 모든 중생이 착한 뿌리를 심지 않고는 아뇩다라삼먁삼보리심을 내지 못합니다."

보리심을 내는 데 가장 필요한 자세로서 선근 심는 일을 첫째 조건으로 삼았다. 선근을 심어야 보리심을 발할 수 있다고 하면서 아래에 선근에 대해서 하나하나 열거하였다.

要得普門善根光明하며 具眞實道三昧智光하며

출생 종 종 광 대 복 해　　장 백 정 법　　무 유 해 식
出生種種廣大福海하며 長白淨法에 無有懈息하며

사 선 지 식　　불 생 피 염
事善知識에 不生疲厭하며

"요컨대 넓은 문의 착한 뿌리 광명을 얻어야 하며, 참된 길인 삼매의 지혜 광명을 갖추어야 하며, 갖가지 광대한 복의 바다를 내어야 하며, 희고 깨끗한 법을 자라게 하는 데 게으름이 없어야 하며, 선지식을 섬기는 데 고달파하는 생각을 내지 말아야 하며,

　　불 고 신 명　　무 소 장 적　　등 심 여 지　　무 유
不顧身命하야 無所藏積하며 等心如地하야 無有

고 하　　성 상 자 민 일 체 중 생　　어 제 유 취　　전 념
高下하며 性常慈愍一切衆生하며 於諸有趣에 專念

불 사　　항 락 관 찰 여 래 경 계　　여 시 내 능 발 보 리
不捨하며 恒樂觀察如來境界하야 如是乃能發菩提

심
心이니라

　　몸과 목숨을 돌보지 말고 쌓아 두는 일이 없어야 하

며, 평등한 마음이 땅과 같아서 높고 낮음이 없어야 하며, 항상 모든 중생을 사랑해야 하며, 모든 생사의 길을 오로지 생각하고 버리지 말아야 하며, 여래의 경계를 관찰하기를 항상 좋아해야 능히 보리심을 낼 수 있습니다."

이와 같은 등의 일을 조건으로 하여 능히 보리심을 발할 수 있음을 밝혔다. 어느 것 한 가지도 소홀히 해서는 안 될 중요한 내용들이다.

(2) 보리심을 내는 것을 밝히다

發菩提心者_는 所謂發大悲心_{이니} 普救一切衆生故_며

(발보리심자 소위발대비심 보구일체중생고)

"보리심을 낸다는 것은 이른바 크게 가엾이 여기는 마음을 냄이니, 일체 중생을 널리 구원하는 연고입니다."

발 대 자 심   등 우 일 체 세 간 고
發大慈心이니 **等祐一切世間故**며

"크게 인자한 마음을 냄이니, 일체 세간을 다 같이 복되게 하는 연고입니다."

발 안 락 심   영 일 체 중 생   멸 제 고 고
發安樂心이니 **令一切衆生**으로 **滅諸苦故**며

"안락하게 하는 마음을 냄이니, 일체 중생으로 하여금 모든 괴로움을 없애게 하는 연고입니다."

발 요 익 심   영 일 체 중 생   이 악 법 고
發饒益心이니 **令一切衆生**으로 **離惡法故**며

"이익하게 하는 마음을 냄이니, 일체 중생으로 하여금 나쁜 법을 떠나게 하는 연고입니다."

보리심을 낸다는 것은 이른바 일체 중생에게 크게 가엾이 여기는 마음을 내고, 크게 인자한 마음을 내고, 안락하게 하

는 마음을 내고, 이익하게 하는 마음을 내는 일이다.

_{발애민심　　유포외자　함수호고}
發哀愍心이니 **有怖畏者**를 **咸守護故**며

"슬피 여기는 마음을 냄이니, 공포하는 이들을 모두 보호하는 연고입니다."

_{발무애심　　사리일체제장애고}
發無礙心이니 **捨離一切諸障礙故**며

"걸림 없는 마음을 냄이니, 일체 모든 장애를 여의는 연고입니다."

_{발광대심　　일체법계　함변만고}
發廣大心이니 **一切法界**에 **咸徧滿故**며

"광대한 마음을 냄이니, 모든 법계에 두루 가득한 연고입니다."

또 보리심을 낸다는 것은 이른바 일체 중생에게 슬피 여기는 마음을 내고, 걸림 없는 마음을 내고, 광대한 마음을 내는 일이다.

발 무 변 심　　　등 허 공 계　　무 불 왕 고
發無邊心이니 **等虛空界**에 **無不往故**며

"그지없는 마음을 냄이니, 허공과 같은 세계에 가지 않는 데가 없는 연고입니다."

발 관 박 심　　실 견 일 체 제 여 래 고
發寬博心이니 **悉見一切諸如來故**며

"너그러운 마음을 냄이니, 일체 모든 여래를 다 친견하는 연고입니다."

발 청 정 심　　어 삼 세 법　　지 무 위 고
發淸淨心이니 **於三世法**에 **智無違故**며

"청정한 마음을 냄이니, 세 세상 법에 지혜가 어그러지지 않는 연고입니다."

발 지 혜 심　　보 입 일 체 지 혜 해 고
發智慧心이니 **普入一切智慧海故**니라

"지혜의 마음을 냄이니, 일체 지혜의 바다에 널리 들어가는 연고입니다."

또 보리심을 낸다는 것은 이른바 일체 중생에게 그지없는 마음을 내고, 너그러운 마음을 내고, 청정한 마음을 내고, 지혜의 마음을 내는 일이다.

(3) 바다가 주는 교훈

선 남 자　　아 주 차 해 문 국　　십 유 이 년　　상 이
善男子야 **我住此海門國**하야 **十有二年**을 **常以**

대 해　위 기 경 계　　소 위 사 유 대 해　광 대 무 량
大海로 **爲其境界**하노니 **所謂思惟大海**의 **廣大無量**

하며 思惟大海의 甚深難測하며 思惟大海의 漸次深
廣하며

"선남자여, 내가 이 해문국에 있은 지가 12년인데 항상 큰 바다로써 그 경계를 삼습니다. 이른바 큰 바다가 광대하여 한량이 없음을 생각하며, 큰 바다가 매우 깊어서 측량할 수 없음을 생각하며, 큰 바다가 점점 깊고 넓어짐을 생각합니다."

思惟大海의 無量衆寶가 奇妙莊嚴하며 思惟大海의 積無量水하며 思惟大海의 水色不同이 不可思議하며

"큰 바다에 한량없는 보물들이 기묘하게 장엄됨을 생각하며, 큰 바다에 한량없는 물이 쌓였음을 생각하며, 큰 바다의 물빛이 같지 않아 헤아릴 수 없음을 생각

합니다."

思惟大海의 無量衆生之所住處하며 思惟大海의
_{사유대해 무량중생지소주처 사유대해}

容受種種大身衆生하며 思惟大海의 能受大雲所
_{용수종종대신중생 사유대해 능수대운소}

雨之雨하며 思惟大海의 無增無減이니라
_{우지우 사유대해 무증무감}

"큰 바다는 한량없는 중생들이 사는 곳인 줄 생각하며, 큰 바다는 가지가지 엄청나게 몸이 큰 중생을 수용함을 생각하며, 큰 바다는 큰 구름에서 내리는 비를 모두 능히 받아들임을 생각하며, 큰 바다는 늘지도 않고 줄지도 않음을 생각합니다."

해운비구는 이름과 같이 바다로써 스승을 삼아 가지가지 사유를 통하여 큰 깨달음을 이룬 수행자다. 해문국에 12년 동안 살면서 큰 바다가 광대하여 한량이 없고, 큰 바다가 매우 깊어서 측량할 수 없고, 큰 바다가 점점 깊고 넓어

짐 등을 사유하였다. 또 큰 바다에 한량없는 보물들이 기묘하게 장엄되었다는 것과, 큰 바다에 한량없는 물이 쌓였다는 것과, 큰 바다의 물빛이 같지 않아 헤아릴 수 없다는 것과, 큰 바다는 한량없는 중생들이 사는 곳이라는 것과, 큰 바다는 가지가지 엄청나게 몸이 큰 중생을 수용한다는 것과, 큰 바다는 큰 구름에서 내리는 비를 모두 능히 받아들인다는 것과, 큰 바다는 늘지도 않고 줄지도 않는다는 것을 깊이 사유하여 큰 깨달음을 이루었다.

(4) 바다에서 큰 연꽃이 출현하다

1〉연꽃의 장엄과 예배

善男子야 我思惟時에 復作是念호대 世間之中에
頗有廣博이 過此海不아 頗有無量이 過此海不아
頗有甚深이 過此海不아 頗有殊特이 過此海不아호라

"선남자여, 내가 생각할 적에 다시 또 이렇게 생각하

였으니, '이 세상에는 이 바다보다 더 넓은 것이 있는가? 이 바다보다 더 한량없는 것이 있는가? 이 바다보다 더 깊은 것이 있는가? 이 바다보다 특수한 것이 있는가?'라고 하였습니다."

앞에서 바다에 대하여 여러 가지로 사유하였으나 바다란 생각하면 생각할수록 미묘 불가사의한 것이어서 다시 또 그 넓음과 그 한량없음과 그 깊음과 그 특수함을 더욱 생각하게 되었다. 어찌 바다의 특수함을 다 헤아려 알겠는가. 오로지 불가사의할 뿐이다.

善男子ᅟ야 我作是念時ᅟ에 此海之下ᅟ에 有大蓮華가 忽然出現ᅟ하야 以無能勝因陀羅尼羅寶ᅟ로 爲莖하고 吠瑠璃寶ᅟ로 爲藏하고 閻浮檀金ᅟ으로 爲葉하고 沈

水로 爲臺하고 瑪瑙로 爲鬚하야 芬敷布濩하야 彌覆
大海어든

"선남자여, 내가 이렇게 생각할 적에 이 바다 밑에서 큰 연꽃이 홀연히 솟아나는데 이보다 더 수승함이 없는 인타라니라因陀羅尼羅 보배로 줄기가 되고, 폐유리 보배로 연밥이 되고, 염부단금으로 잎이 되고, 침수향으로 꽃판이 되고, 마노로 꽃술이 되어 아름답게 피어서 바다 위에 가득하게 덮이었습니다."

이렇게 생각할 적에 이 바다 밑에서 큰 연꽃이 홀연히 출현하였다는 것은 바다가 가지고 있는 내용을 사유하므로 끝없이 깊고 넓은 마음의 바다로부터 큰 연꽃 세상이 펼쳐졌다는 뜻이리라. 깨달음의 마음에서 피어오른 연꽃 세상의 그 아름다움을 어떻게 표현해야 다할 수 있겠는가. 먼저 이보다 더 수승함이 없는, 참으로 듣도 보도 못한 인타라니라因陀羅尼羅 보배로 줄기가 되었다고 했다. 또 폐유리 보배로 연밥이 되고, 염부단금으로 잎이 되고, 침수향으로 꽃판이 되고, 마노로 꽃술이 되었다고 하였다. 그 외에도 끝없이 백만으로 이어지는 장엄들을 보라.

　　　백만 아 수 라 왕　　집 지 기 경　　　백만 마 니 보 장
　　　百萬阿修羅王이 **執持其莖**하며 **百萬摩尼寶莊**

엄　망　　　미 부 기 상　　백 만 용 왕　　우 이 향 수
嚴網으로 **彌覆其上**하며 **百萬龍王**이 **雨以香水**하며

백 만 가 루 라 왕　　함 제 영 락　　급 보 증 대　　주 잡
百萬迦樓羅王이 **銜諸瓔珞**과 **及寶繒帶**하야 **周市**

수 하
垂下하며

"백만 아수라왕이 연꽃 줄기를 잡았는데, 백만 마니 보배로 장엄한 그물이 그 위에 덮이었고, 백만 용왕이 향수를 비 내리고, 백만 가루라왕이 온갖 영락과 보배 비단 띠를 둘러서 두루두루 드리웠습니다."

　　　백 만 나 찰 왕　　자 심 관 찰　　백 만 야 차 왕　　공
　　　百萬羅刹王이 **慈心觀察**하며 **百萬夜叉王**이 **恭**

경예배   백만건달바왕   종종음악   찬탄공
敬禮拜하며 百萬乾闥婆王이 種種音樂으로 讚歎供

양   백만천왕   우제천화   천만   천향   천
養하며 百萬天王이 雨諸天華와 天鬘과 天香과 天

소향   천도향   천말향   천묘의복   천당번개
燒香과 天塗香과 天末香과 天妙衣服과 天幢幡蓋
하며

"백만 나찰왕은 자비한 마음으로 관찰하고, 백만 야차왕은 공경하며 예배하고, 백만 건달바왕은 갖가지 음악으로 찬탄하며 공양하고, 백만 천왕은 여러 가지 하늘 꽃과 하늘 화만과 하늘 향과 하늘 사르는 향과 하늘 바르는 향과 하늘 가루향과 하늘 의복과 하늘 당기와 번기와 일산을 비 내리었습니다."

          백만범왕   두정예경   백만정거천   합장
百萬梵王이 頭頂禮敬하며 百萬淨居天이 合掌

작례   백만전륜왕   각이칠보   장엄공양
作禮하며 百萬轉輪王이 各以七寶로 莊嚴供養하며

백만 해신　 구시출현　　공경정례
百萬海神이 **俱時出現**하야 **恭敬頂禮**하며

"백만 범천왕은 엎드려 절하고, 백만 정거천은 합장하며 절하고, 백만 전륜왕은 칠보로 장엄하여 공양하고, 백만 바다 맡은 신은 한꺼번에 출현하여 공경하고 예배하였습니다."

백만미광마니보　　광명보조　　백만정복마
百萬味光摩尼寶가 **光明普照**하며 **百萬淨福摩**

니보　이위장엄　백만보광마니보　위청정
尼寶로 **以爲莊嚴**하며 **百萬普光摩尼寶**로 **爲淸淨**

장　　백만수승마니보　기광혁혁　백만묘장
藏하며 **百萬殊勝摩尼寶**가 **其光赫奕**하며 **百萬妙藏**

마니보　광조무변
摩尼寶가 **光照無邊**하며

"백만 미광味光 마니보배에서는 광명이 두루 비치고, 백만 정복淨福 마니보배로 장엄하였으며, 백만 보광普光 마니보배로는 청정한 갈무리가 되고, 백만 수승殊勝 마니보배는 빛이 찬란하며, 백만 묘장妙藏 마니보배는 광

명이 그지없이 비치었습니다."

百萬閻浮幢摩尼寶가 次第行列하며 百萬金剛獅子摩尼寶가 不可破壞하야 淸淨莊嚴하며 百萬日藏摩尼寶가 廣大淸淨하며 百萬可樂摩尼寶가 具種種色하며 百萬如意摩尼寶가 莊嚴無盡하야 光明照耀하니라

"백만 염부당閻浮幢 마니보배는 차례로 줄을 지었으며, 백만 금강사자 마니보배는 깨뜨릴 수 없이 청정하게 장엄하고, 백만 일장日藏 마니보배는 넓고 크게 청정하며, 백만 가락可樂 마니보배는 가지각색 빛을 갖추고, 백만 여의如意 마니보배는 장엄이 끝이 없고 광명이 찬란하게 비치었습니다."

마음의 드넓은 바다와 불법의 드넓은 바다에 마음의 연꽃과 보살행의 연꽃이 만발하였는데 어찌 백만뿐이겠는가. 세상에 있는 그 어떤 표현으로도 부족하리라.

2〉 큰 연꽃이 출현한 의미

此大蓮華가 **如來出世善根所起**라 **一切菩薩**이
차 대 연 화　　여 래 출 세 선 근 소 기　　일 체 보 살

皆生信樂하며 **十方世界**가 **無不現前**하니 **從如幻法**
개 생 신 락　　시 방 세 계　　무 불 현 전　　종 여 환 법

生이며 **如夢法生**이며 **淸淨業生**이며 **無諍法門之所**
생　　여 몽 법 생　　청 정 업 생　　무 쟁 법 문 지 소

莊嚴이라
장 엄

"이 큰 연꽃은 여래가 세상에 출현하시는 선근으로 일어났으므로 모든 보살이 믿고 좋아하며, 시방세계에 모두 나타나는데 환술과 같은 법에서 났으며, 꿈같은 법에서 났으며, 청정한 업으로 생겼으며, 다툼이 없는 법문으로 장엄하였습니다."

入無爲印하며 住無礙門하며 充滿十方一切國土하며 隨順諸佛甚深境界하니 於無數百千劫에 歎其功德이라도 不可得盡이니라

"함이 없는 인印에 들어갔고, 걸림 없는 문에 머물러 시방의 모든 국토에 가득하였으며, 모든 부처님의 깊고 깊은 경계를 따르는 것이며, 수없는 백천겁 동안에 그 공덕을 칭찬하여도 다할 수가 없습니다."

큰 연꽃은 왜 출현하였는가. 여래가 세상에 출현하시는 선근으로 일어난 것이다. 어느 한 곳에서만 나타난 것이 아니라 시방세계에서 다 나타난 것이다. 그러나 그 연꽃은 환술과 같은 법에서 났으며, 꿈같은 법에서 났으며, 청정한 업으로 생겼으며, 다툼이 없는 법문으로 장엄된 것이다. 연꽃을 이와 같이 알아야 한다.

3) 연꽃 위에 앉아 계시는 부처님

〈1〉 부처님의 불가사의한 공덕

我時_에 見彼蓮華之上_에 有一如來_가 結跏趺坐_{하사대} 其身_이 從此上至有頂_{하시니} 寶蓮華座_가 不可思議_며 道場衆會_가 不可思議_며 諸相成就_가 不可思議_며

"내가 보니 그때에 연꽃 위에 한 분의 여래가 가부좌하고 앉으셨는데 그 몸이 이곳에서부터 형상세계 꼭대기까지 이르렀고, 보배 연꽃 자리가 헤아릴 수 없고, 도량에 모인 대중도 헤아릴 수 없고, 모든 거룩한 모습을 이루심도 헤아릴 수 없었습니다."

隨好圓滿_이 不可思議_며 神通變化_가 不可思議_며

色相淸淨이 不可思議며　無見頂相이 不可思議며
(색상청정) (불가사의)　(무견정상) (불가사의)

廣長舌相이 不可思議며
(광장설상) (불가사의)

"잘생긴 모습이 원만함도 헤아릴 수 없고, 신통과 변화도 헤아릴 수 없고, 빛깔이 청정함도 헤아릴 수 없고, 볼 수 없는 정수리도 헤아릴 수 없고, 넓고 긴 혀도 헤아릴 수 없었습니다."

善巧言說이 不可思議며　圓滿音聲이 不可思議며
(선교언설) (불가사의)　(원만음성) (불가사의)

無邊際力이 不可思議며　淸淨無畏가 不可思議며
(무변제력) (불가사의)　(청정무외) (불가사의)

廣大辯才가 不可思議하고
(광대변재) (불가사의)

"교묘한 말씀도 헤아릴 수 없고, 원만한 음성도 헤아릴 수 없고, 끝이 없는 힘도 헤아릴 수 없고, 청정하여 두려움 없음도 헤아릴 수 없고, 광대한 변재도 헤아릴 수 없었습니다."

우념피불   왕수제행   불가사의   자재성도
又念彼佛의 往修諸行이 不可思議며 自在成道가

불가사의   묘음연법   불가사의   보문시현종
不可思議며 妙音演法이 不可思議며 普門示現種

종 장 엄   불가사의   수기좌우   견 각 차 별
種莊嚴이 不可思議며 隨其左右하야 見各差別이

불가사의   일체이익   개령원만   불 가 사 의
不可思議며 一切利益하야 皆令圓滿이 不可思議니라

"또 생각하건대 그 부처님이 지난 옛날에 여러 가지 행을 닦으심도 헤아릴 수 없고, 자재하게 도를 이룸도 헤아릴 수 없고, 묘한 음성으로 법을 연설함도 헤아릴 수 없고, 여러 문으로 나타나시어 갖가지로 장엄함도 헤아릴 수 없고, 좌우로 보는 것이 차별함도 헤아릴 수 없고, 모든 것을 이익되게 하여 다 원만케 함도 헤아릴 수 없었습니다."

연꽃 위에 앉아 계시는 부처님의 불가사의한 공덕을 밝혔다. 부처님의 공덕은 곧 사람 사람의 진여자성 자리의 공덕이 불가사의하다는 뜻이다. 특별히 표현하기를 보배 연

꽃 자리가 불가사의하고, 도량에 모인 대중들도 불가사의하고, 모든 거룩한 모습을 이루심도 불가사의하다는 등 온갖 것이 다 불가사의함을 밝혔다. 이 참마음 자리의 오묘하여 불가사의함을 누가 다 알겠으며 누가 다 설명할 수 있겠는가.

〈2〉 부처님의 설법

時此如來가 卽伸右手하사 而摩我頂하시고 爲我
演說普眼法門하사 開示一切如來境界하시며 顯發
一切菩薩諸行하시며 闡明一切諸佛妙法하시니 一
切法輪이 悉入其中하나라

"그때에 이 여래께서 곧 오른손을 펴서 나의 정수리를 만지시고 나에게 넓은 눈 법문[普眼法門]을 연설하시니, 모든 여래의 경계를 열어 보이며, 일체 보살의 모든 행을 드러내며, 일체 모든 부처님의 묘한 법을 열어 밝히시니 일체 법륜이 다 그 가운데 들었습니다."

能淨一切諸佛國土_{하시며} 能摧一切異道邪論_{하시며} 能滅一切諸魔軍衆_{하시며} 能令衆生_{으로} 皆生歡喜_{하시며} 能照一切衆生心行_{하시며} 能了一切衆生諸根_{하시며} 隨衆生心_{하야} 悉令開悟_{하시니라}

"능히 일체 모든 부처님의 국토를 깨끗이 하고, 능히 일체 외도의 삿된 이론을 꺾어 부수고, 능히 일체 모든 마魔의 군중을 소멸하여 중생들을 모두 기쁘게 하며, 능히 모든 중생의 마음과 행을 비추고, 능히 모든 중생의 모든 근성을 분명히 알아 중생들의 마음을 따라 다 깨닫게 하였습니다."

연꽃 위에 앉아 계시는 부처님이 해운비구의 정수리를 만

지시고 '넓은 눈 법문[普眼法門]'을 연설하신 내용을 밝혔다.

(5) 해운비구가 법을 설하다

我從於彼如來之所하야 **聞此法門**하고 **受持讀誦**하며 **憶念觀察**호니 **假使有人**이 **以大海量墨**과 **須彌聚筆**로 **書寫於此普眼法門**의 **一品中一門**과 **一門中一法**과 **一法中一義**와 **一義中一句**라도 **不得少分**이어든 **何況能盡**가

"내가 그 여래의 계신 데서 이 법문을 듣고, 받아 지니고, 읽고, 외우고, 기억하고, 관찰한 것을 어떤 사람이 바닷물로 먹을 삼고 수미산으로 붓을 삼아 이 넓은 눈 법문의 한 품品 가운데 한 문門이나 한 문 가운데 한 법法이나 한 법 가운데 한 뜻이나 한 뜻 가운데 한 구절을 쓴다 하여도 조금도 쓸 수 없거든 어찌 하물며 다할

수 있겠습니까."

저 여래께서 연설하신 '넓은 눈 법문[普眼法門]'의 내용이 무궁무진함을 밝혔다. 예컨대 그 법문 가운데 한 구절만을 설명하여 아무리 써 나간다 하더라도 그 한 구절 안의 내용에 대해서 조금도 설명할 수 없다. 하물며 전체의 뜻이겠는가.

善男子_야 我於彼佛所_에 千二百歲_를 受持如是
普眼法門_{하야} 於日日中_에 以聞持陀羅尼光明_{으로}
領受無數品_{하며} 以寂靜門陀羅尼光明_{으로} 趣入無
數品_{하며}

"선남자여, 내가 그 부처님 계신 데서 1천2백 년 동안에 이와 같은 넓은 눈 법문을 받아 가지고, 날마다 들어 지니는 다라니 광명으로 수없는 품品을 받아들였

으며, 고요한 문[寂靜門] 다라니 광명으로 수없는 품에 나아갔으며,

以無邊旋陀羅尼光明으로 普入無數品하며 以隨地觀察陀羅尼光明으로 分別無數品하며 以威力陀羅尼光明으로 普攝無數品하며 以蓮華莊嚴陀羅尼光明으로 引發無數品하며

그지없이 도는[無邊旋] 다라니 광명으로 수없는 품에 두루 들어갔으며, 곳을 따라 관찰하는 다라니 광명으로 수없는 품을 분별하였으며, 위엄과 힘 다라니 광명으로 수없는 품을 널리 거두었으며, 연꽃장엄 다라니 광명으로 수없는 품을 이끌었으며,

以淸淨言音陀羅尼光明으로 開演無數品하며

以虛空藏陀羅尼光明으로 顯示無數品하며 以光

聚陀羅尼光明으로 增廣無數品하며 以海藏陀羅

尼光明으로 辯析無數品하니라

청정한 음성 다라니 광명으로 수없는 품을 연설하였으며, 허공장 다라니 광명으로 수없는 품을 드러내 보였으며, 광명 무더기 다라니 광명으로 수없는 품을 넓히었으며, 바다창고[海藏] 다라니 광명으로 수없는 품을 해석하였습니다."

해운비구가 연꽃 위에 앉아 계신 부처님 계신 데서 1천2백 년 동안 보안법문普眼法門을 수지하여 무수한 품을 받아들이고, 나아가고, 들어가고, 분별하고, 널리 거두고, 이끌고, 연설하고, 드러내 보이고, 더 넓히고, 해석하였음을 밝혔다.

若有衆生이 從十方來하며 若天若天王과 若龍若龍王과 若夜叉若夜叉王과 若乾闥婆若乾闥婆王과 若阿修羅若阿修羅王과 若迦樓羅若迦樓羅王과 若緊那羅若緊那羅王과 若摩睺羅伽若摩睺羅伽王과 若人若人王과 若梵若梵王인 如是一切가 來至我所라도 我悉爲其開示解釋하며 稱揚讚歎하야 咸令愛樂하야 趣入安住此諸佛菩薩行 光明普眼法門이로라

"만약 어떤 중생이든지 시방에서 오는 하늘이나 하늘왕이나, 용이나 용왕이나, 야차나 야차왕이나, 건달바나 건달바왕이나, 아수라나 아수라왕이나, 가루라나 가루라왕이나, 긴나라나 긴나라왕이나, 마후라가나 마

후라가왕이나, 사람이나 사람왕이나, 범천이나 범천왕이나, 이와 같은 모든 이들이 나에게 오면 내가 그들을 위하여 이 법문을 열어 보이고, 해석하고, 선양하고, 찬탄하여 사랑하고 좋아하게 하며, 이 모든 부처님들의 보살행 광명인 넓은 눈 법문에 나아가 편안히 머물게 하였습니다."

이와 같은 법문으로써 해운비구는 자신에게 오는 무수한 종류의 중생들을 위하여 열어 보이고, 해석하고, 선양하고, 찬탄하여 사랑하고 좋아하게 하였음을 밝혔다.

3) 자기는 겸손하고 다른 이의 수승함을 찬탄하다

善男子야 我唯知此普眼法門이어니와 如諸菩薩
선 남 자   아 유 지 차 보 안 법 문   여 제 보 살

摩訶薩은 深入一切菩薩行海니 隨其願力하야 而
마 하 살   심 입 일 체 보 살 행 해   수 기 원 력   이

修行故며
수 행 고

"선남자여, 나는 오직 이 넓은 눈 법문을 알 뿐이거니와 저 모든 보살마하살들은 일체 보살행의 바다에 깊이 들어가나니, 그 원력을 따라서 수행하는 연고입니다."

해운비구가 자기는 겸손하고 다른 이의 수승한 법을 하나하나 들어서 찬탄하였다. 다른 모든 보살들이 일체 보살행의 바다에 깊이 들어가는 것을 특징으로 들었다.

입 대 원 해　　어 무 량 겁　　주 세 간 고
入大願海니 **於無量劫**에 **住世間故**며

"큰 서원 바다에 들어가나니, 한량없는 겁 동안 세간에 머무는 연고입니다."

입 일 체 중 생 해　　수 기 심 락　　광 이 익 고
入一切衆生海니 **隨其心樂**하야 **廣利益故**며

"일체 중생 바다에 들어가나니, 그 마음을 따라 널리

이익하게 하는 연고입니다."

입일체중생심해　출생십력무애지광고
入一切衆生心海니 **出生十力無礙智光故**며

"일체 중생의 마음 바다에 들어가나니, 열 가지 힘과 걸림 없는 지혜 광명을 출생하는 연고입니다."

입일체중생근해　응시교화　실령조복고
入一切衆生根海니 **應時敎化**하야 **悉令調伏故**며

"일체 중생의 근성 바다에 들어가나니, 때를 맞추어 교화하여 다 조복하는 연고입니다."

입일체찰해　성만본원　엄정불찰고
入一切刹海니 **成滿本願**하야 **嚴淨佛刹故**며

"일체 세계 바다에 들어가나니, 본래의 서원을 성취하여 부처님 세계를 깨끗이 장엄하는 연고입니다."

입 일 체 불 해　　원 상 공 양 제 여 래 고
入一切佛海니 **願常供養諸如來故**며

"일체 부처님 바다에 들어가나니, 모든 여래께 항상 공양하기를 원하는 연고입니다."

입 일 체 법 해　　능 이 지 혜　　함 오 입 고
入一切法海니 **能以智慧**로 **咸悟入故**며

"일체 법의 바다에 들어가나니, 능히 지혜로 모두 깨닫는 연고입니다."

입 일 체 공 덕 해　　일 일 수 행　　　영 구 족 고
入一切功德海니 **一一修行**하야 **令具足故**며

"일체 공덕 바다에 들어가나니, 낱낱이 수행하여 구족하게 하는 연고입니다."

입 일 체 중 생 언 사 해　　어 일 체 찰　　전 정 법 륜
入一切衆生言辭海니 **於一切刹**에 **轉正法輪**

고니 而我云何能知能說彼功德行이리오
     이 아 운 하 능 지 능 설 피 공 덕 행

"일체 중생의 말의 바다에 들어가나니, 모든 세계에서 바른 법륜을 굴리는 연고입니다. 그러나 내가 어떻게 저러한 공덕의 행을 능히 알고 능히 설할 수 있겠습니까?"

큰 서원의 바다에 들어가고, 일체 중생 바다에 들어가고, 일체 중생의 마음 바다에 들어가고, 일체 중생의 근성 바다에 들어가고, 일체 세계 바다에 들어가고, 일체 부처님 바다에 들어가고, 일체 법의 바다에 들어가고, 일체 공덕 바다에 들어가고, 일체 중생의 말의 바다에 들어가서 모든 세계에서 바른 법륜을 굴리는 것을 밝혔다. 이와 같이 세세하게 들면서 "그러나 내가 어떻게 저러한 공덕의 행을 능히 알고 능히 설할 수 있겠습니까?"라고 결론을 지었다.

4) 다음 선지식 찾기를 권유하다

善男子야 從此南行六十由旬하야 楞伽道邊에 有一聚落하니 名爲海岸이요 彼有比丘하니 名曰善住니 汝詣彼問호대 菩薩이 云何淨菩薩行이리잇고하라 時에 善財童子가 禮海雲足하며 右繞瞻仰하고 辭退而去하니라

"선남자여, 여기서 남쪽으로 60유순쯤 가면 능가산楞伽山으로 가는 길 옆에 한 마을이 있어 이름을 해안海岸이라 하며, 그곳에 비구가 있으니 이름은 선주善住입니다. 그대는 그분에게 가서 '보살이 어떻게 해야 보살의 행을 깨끗하게 하는가.'를 물으십시오." 그때에 선재동자는 해운비구의 발에 예배하고 오른쪽으로 돌며 우러러보고는 물러갔습니다.

다음의 선지식이 있는 곳을 일러 준다. 여기에서 남쪽으로 60유순쯤 가면 능가楞伽산으로 가는 길 옆에 한 마을이 있어 이름을 해안海岸이라 하였다.

유순由旬이란 유사나踰闍那 · 유선나踰繕那 · 유연由延이라고도 한다. 인도 이수里數의 단위이다. 성왕聖王의 하루 동안의 행정行程이다. 즉 왕이 순시할 때 하루에 이동하는 거리다. 40리(혹 30리)에 해당한다. 대유순은 80리이며, 중유순은 60리, 소유순은 40리라고 한다. 1리도 시대를 따라 그 장단이 같지 않다.

능가산楞伽山이란 범어로 Lakā 또는 능가錂伽 · 駿伽이다. 번역하여 불가도不可到 · 난입難入 · 험절險絶이라 한다. 스리랑카의 동남쪽에 있는 산이다. 높이는 7,378척이라 한다. 지금의 아담봉(峰, Adam's Peak)이라 한다. 부처님은 일찍이 이 산에서 능가경楞伽經을 설하였다고 전한다. 스리랑카는 바다에 떠 있는 섬나라다. 그래서 마을 이름을 해안海岸이라 하였다.

문수지남도 제4, 선재동자가 선주비구를 친견하다.

4. 선주비구善住比丘

제3 수행주修行住 선지식

1) 선주비구를 뵙고 법을 묻다

(1) 법문을 생각하며 선지식을 찾다

爾時에 善財童子가 專念善知識教하며 專念普眼法門하며 專念佛神力하며 專持法句雲하며 專入法海門하며 專思法差別하며

그때에 선재동자가 선지식의 가르침을 오로지 생각하며, 넓은 눈 법문을 오로지 생각하며, 부처님의 신통한 힘을 오로지 생각하며, 법문의 글귀를 오로지 지니며, 법 바다의 문에 오로지 들어가며, 법의 차별을 오로

지 생각하며,

심입법선복　　보입법허공　　정지법예장
深入法漩澓하며 **普入法虛空**하며 **淨持法翳障**하며
관찰법보처　　점차남행　　지능가도변해안취
觀察法寶處하고 **漸次南行**하야 **至楞伽道邊海岸聚**
락　　관찰시방　　구멱선주
落하야 **觀察十方**하고 **求覓善住**하니라

　법의 소용돌이에 깊이 들어가며, 법의 허공에 널리 들어가며, 법의 장애를 깨끗이 하며, 법보法寶의 있는 데를 관찰하면서 점점 남쪽으로 가다가 능가산으로 가는 길 옆에 있는 해안海岸 마을에 이르러 시방을 살피면서 선주善住비구를 찾았습니다.

　불교를 공부하거나 수행하는 사람으로서 선지식의 가르침을 오로지 생각하는 것이 얼마나 중요한가. 그것이 집중이며, 그것이 명상이며, 그것이 기도며, 그것이 선정이며, 그것이 참선이다. 자나 깨나 앉으나 서나 그렇게 하지 않고 이

루어지는 것이 무엇이 있겠는가.

(2) 제천팔부諸天八部가 선주비구에게 공양하다

見此比丘가 **於虛空中來往經行**에 **無數諸天**이 **恭敬圍繞**하야 **散諸天華**하며 **作天伎樂**하며 **幡幢繒綺**가 **悉各無數**하야 **徧滿虛空**하야 **以爲供養**하며

살펴보니, 이 비구가 허공에서 거니는데 수없는 모든 하늘이 공경하고 둘러 있어 온갖 하늘 꽃을 흩으며, 하늘 풍류를 지으며, 번기幡旗와 당기幢旗와 비단으로 각각 무수하게 허공에 가득히 공양하였습니다.

선재동자가 선주善住비구라는 선지식을 찾아 남쪽으로 가다가 능가산으로 가는 길 옆에 있는 해안海岸 마을에 이르러 시방을 살펴보니 선주비구가 허공에서 거니는데 수없는 모든 하늘이 공경하고 둘러 있어 온갖 하늘 꽃을 흩는 등 공

양을 올리고 있었다. 여러 천신뿐만 아니라 천룡팔부가 모두 모여 와서 공양하는 모습을 아래에 열거하여 밝혔다.

諸_제大_대龍_용王_왕이 於_어虛_허空_공中_중에 興_흥不_부思_사議_의沈_침水_수香_향雲_운하야 震_진雷_뢰激_격電_전하야 以_이爲_위供_공養_양하며

여러 큰 용왕들은 허공에서 부사의한 침수향 구름과 뇌성과 번개를 일으켜 공양하였습니다.

緊_긴那_나羅_라王_왕이 奏_주衆_중樂_악音_음하야 如_여法_법讚_찬美_미하야 以_이爲_위供_공養_양하며

긴나라왕은 여러 음악을 연주하여 여법하게 찬탄하면서 공양하였습니다.

마 후 라 가 왕　　이 부 사 의 극 미 세 의　　어 허 공 중
摩睺羅伽王이 **以不思議極微細衣**로 **於虛空中**

주 회 포 설　　심 생 환 희　　이 위 공 양
에 **周迴布設**하야 **心生歡喜**하야 **以爲供養**하며

　마후라가왕은 부사의한 지극히 미세한 의복을 허공에 가득하게 베풀고 즐거운 마음으로 공양하였습니다.

아 수 라 왕　　흥 부 사 의 마 니 보 운　　무 량 광 명
阿修羅王이 **興不思議摩尼寶雲**하야 **無量光明**

종 종 장 엄　　변 만 허 공　　이 위 공 양
의 **種種莊嚴**으로 **徧滿虛空**하야 **以爲供養**하며

　아수라왕은 부사의한 마니보배 구름을 일으키니 한량없는 광명과 갖가지 장엄이 허공에 가득하여 공양하였습니다.

가 루 라 왕　　작 동 자 형　　무 량 채 녀 지 소 위 요
迦樓羅王이 **作童子形**하야 **無量婇女之所圍繞**로

구경성취무살해심 　 어허공중 　 합장공양
究竟成就無殺害心하야 **於虛空中**에 **合掌供養**하며

　가루라왕은 동자가 되었는데 한량없는 채녀들이 둘러쌌으며 구경에 살해하는 마음이 없음을 성취하여 허공에서 합장하고 공양하였습니다.

부사의수제나찰왕 　 무량나찰지소위요
不思議數諸羅刹王이 **無量羅刹之所圍繞**로

기형장대 　 심가포외 　 견선주비구 　 자심
其形長大하야 **甚可怖畏**나 **見善住比丘**하고 **慈心**

자재 　 곡궁합장 　 첨앙공양
自在하야 **曲躬合掌**하고 **瞻仰供養**하며

　부사의한 숫자의 모든 나찰왕들은 한량없는 나찰에게 둘러싸였는데 그 형상이 장대하고 매우 무섭게 생겼으나 선주비구의 인자한 마음이 자재함을 보고는 허리를 굽히고 합장하며 우러러 공양하였습니다.

부사의수제야차왕   각각실유자중위요
不思議數諸夜叉王이 各各悉有自衆圍繞하야

사면주잡   공경수호
四面周帀하야 恭敬守護하며

　부사의한 숫자의 모든 야차왕들은 제각기 자기의 무리들에게 둘러싸여 사면에 두루 하여 공경하고 수호하였습니다.

부사의수제범천왕   어허공중   곡궁합장
不思議數諸梵天王이 於虛空中에 曲躬合掌하야

이인간법   칭양찬탄
以人間法으로 稱揚讚歎하며

　부사의한 숫자의 모든 범천왕들은 허공중에서 몸을 굽히고 합장하여 인간의 법으로 칭양하고 찬탄하였습니다.

부사의수제정거천   어허공중   여궁전구
不思議數諸淨居天이 於虛空中에 與宮殿俱하야

공경합장　　발홍서원
恭敬合掌하야 **發弘誓願**하니라

부사의한 숫자의 모든 정거천들은 허공중에서나 궁전으로 더불어 함께 공경하며 합장하고 큰 서원을 내었습니다.

(3) 선주비구에게 보살의 길을 묻다

시　선재동자　견시사이　　심생환희　　합
時에 **善財童子**가 **見是事已**하고 **心生歡喜**하야 **合**

장경례　　작여시언　　성자　아이선발아뇩다
掌敬禮하고 **作如是言**호대 **聖者**여 **我已先發阿耨多**

라삼먁삼보리심
羅三藐三菩提心호니

이때에 선재동자가 이러한 일을 보고는 마음이 환희하여 합장 예경하고 이와 같이 말하였습니다. "거룩하신 이여, 저는 이미 아뇩다라삼먁삼보리심을 내었습니다."

而未知菩薩이 云何修行佛法이며 云何積集佛法이며 云何備具佛法이며 云何熏習佛法이며 云何增長佛法이며 云何總攝佛法이며

"그러나 보살이 어떻게 불법을 수행하며, 어떻게 불법을 쌓아 모으며, 어떻게 불법을 갖추며, 어떻게 불법을 익히며, 어떻게 불법을 증장하며, 어떻게 불법을 모두 거두며,

云何究竟佛法이며 云何淨治佛法이며 云何深淨佛法이며 云何通達佛法이리잇고

어떻게 불법을 끝까지 마치며, 어떻게 불법을 깨끗이 다스리며, 어떻게 불법을 매우 깨끗이 하며, 어떻게 불법을 통달하는지를 알지 못합니다."

아문성자　선능유회　　유원자애　　위아
我聞聖者는 **善能誘誨**라하니 **唯願慈哀**하사 **爲我**

선설
宣說하소서

"제가 듣자온즉 거룩하신 이께서 잘 가르치신다 하오니 바라옵건대 사랑하시고 어여삐 여기사 저를 위하여 말씀하여 주십시오."

선재동자는 선주비구 선지식을 찾아가 천룡팔부가 선주비구에게 온갖 공양거리로써 공양하는 것을 보고는 마음이 환희하여 법을 물었다. 자신은 이미 보리심을 발하였으나 보살이 어떻게 불법을 수행하며, 어떻게 불법을 쌓아 모으며, 어떻게 불법을 갖추며, 어떻게 불법을 익히는가 등의 내용을 물었다.

보살　운하불사견불　　상어기소　정근수습
菩薩이 **云何不捨見佛**하야 **常於其所**에 **精勤修習**
이며

"보살이 어떻게 하면 부처님 친견함을 버리지 않고 항상 그곳에서 부지런히 닦습니까?"

菩薩이 云何不捨菩薩하야 與諸菩薩로 同一善根이며

"보살이 어떻게 하면 보살을 버리지 않고 여러 보살들과 착한 뿌리를 같이합니까?"

菩薩이 云何不捨佛法하야 悉以智慧로 而得明證이며

"보살이 어떻게 하면 불법을 버리지 않고 다 지혜로 밝게 증득합니까?"

^{보살} ^{운하불사대원} ^{능보이익일체중생}
菩薩이 **云何不捨大願**하야 **能普利益一切衆生**이며

"보살이 어떻게 하면 큰 서원을 버리지 않고 일체 중생을 두루 이익하게 합니까?"

^{보살} ^{운하불사중행} ^{주일체겁} ^{심무}
菩薩이 **云何不捨衆行**하야 **住一切劫**호대 **心無**
^{피염}
疲厭이며

"보살이 어떻게 하면 여러 가지 행을 버리지 않고 온갖 겁에 머무르면서 고달픈 마음이 없습니까?"

^{보살} ^{운하불사불찰} ^{보능엄정일체세계}
菩薩이 **云何不捨佛刹**하야 **普能嚴淨一切世界**며

"보살이 어떻게 하면 부처님 세계를 버리지 않고 모든 세계를 널리 깨끗하게 장엄합니까?"

菩薩이 云何不捨佛力하야 悉能知見如來自在며

"보살이 어떻게 하면 부처님 힘을 버리지 않고 여래의 자유자재하심을 능히 다 보고 압니까?"

菩薩이 云何不捨有爲호대 亦復不住하야 普於一切諸有趣中에 猶如變化하야 示受生死하야 修菩薩行이며

"보살이 어떻게 하면 함이 있음을 버리지 않고 또한 머물지도 않으면서 널리 일체 모든 존재의 길에서 변화하는 것과 같이 생사 받음을 보이면서 보살의 행을 닦습니까?"

菩薩이 云何不捨聞法하야 悉能領受諸佛正敎며

"보살이 어떻게 하면 법문 듣는 일을 버리지 않고 모든 부처님의 바른 가르침을 다 받을 수 있습니까?"

菩^보薩^살이 云^운何^하不^불捨^사智^지光^광하야 普^보入^입三^삼世^세智^지所^소行^행處^처니잇고

"보살이 어떻게 하면 지혜의 광명을 버리지 않고 세 세상에서 지혜로 행할 곳에 두루 들어갑니까?"

또 보살이 어떻게 하면 부처님과 보살과 불법과 큰 서원과 세계와 부처님의 힘과 유위와 법문 들음과 지혜 광명을 버리지 않고 모든 불사를 이루겠는가를 물었다.

2) 선주비구가 법을 설하다

(1) 걸림이 없는 지혜 광명을 얻다

時^시에 善^선住^주比^비丘^구가 告^고善^선財^재言^언하사대 善^선哉^재善^선哉^재라 善^선

男子여 汝已能發阿耨多羅三藐三菩提心하고 今
復發心하야 求問佛法과 一切智法과 自然者法이로다

이때에 선주비구가 선재에게 말하였습니다. "훌륭하고 훌륭하여라. 선남자여, 그대가 이미 아뇩다라삼먁삼보리심을 내었고, 이제 또 마음을 내어 부처님의 법과 일체 지혜의 법과 자연의 법을 묻는도다."

지혜와 자비의 마음, 깨달음의 마음, 다른 이를 이롭게 하는 이타의 마음인 보리심을 이미 내었는데, 다시 또 마음을 내어 부처님의 법을 구하고, 일체 지혜의 법을 구하고, 저절로 그러한 법을 구한다. 자칫 보리심이라면 자비심과 이타심을 내어 모든 분야에서 다른 이를 돕는 것으로 만족하는 사람들이 있다. 그것에는 반드시 부처님의 법이란 것이 더해져야 한다. 선주비구는 선재동자의 이와 같은 점을 특별히 찬탄하였다.

선남자   아이성취보살무애해탈문   약래
善男子여 **我已成就菩薩無礙解脫門**하야 **若來**

약거   약행약지   수순사유   수습관찰   즉
若去와 **若行若止**에 **隨順思惟**하며 **修習觀察**하야 **卽**

시획득지혜광명   명구경무애
時獲得智慧光明하니 **名究竟無礙**라

"선남자여, 나는 이미 보살의 걸림 없는 해탈의 문을 성취하였으므로 오고 가고 다니고 그칠 적에 수순하여 사유하고, 닦고 관찰하여 곧 지혜의 광명을 얻었으니, 이름이 '구경까지 걸림 없음'입니다."

선주비구는 자신이 얻은 '구경까지 걸림 없음'인 구경무애究竟無礙라는 지혜 광명을 소개하였다. 일체 중생의 마음의 행과 일체 중생의 죽어서 태어나는 것과 일체 중생의 지난 세상 일을 아는 것 등에 걸림이 없음을 일일이 밝힌다.

득차지혜광명고   지일체중생심행   무소
得此智慧光明故로 **知一切衆生心行**하야 **無所**

^{장애}
障礙하며

"이 지혜의 광명을 얻었으므로 일체 중생의 마음과 행을 아는 데 걸림이 없으며,

^{지 일 체 중 생 몰 생}　　^{무 소 장 애}
知一切衆生歿生하야 **無所障礙**하며

일체 중생의 죽고 태어나는 것을 아는 데 걸림이 없으며,

^{지 일 체 중 생 숙 명}　　^{무 소 장 애}
知一切衆生宿命하야 **無所障礙**하며

일체 중생의 지난 세상 일을 아는 데 걸림이 없으며,

^{지 일 체 중 생 미 래 겁 사}　　^{무 소 장 애}
知一切衆生未來劫事하야 **無所障礙**하며

일체 중생의 오는 세상 일을 아는 데 걸림이 없으며,

지 일 체 중 생 현 재 세 사　　무 소 장 애
知一切衆生現在世事하야 **無所障礙**하며

일체 중생의 지금 세상 일을 아는 데 걸림이 없으며,

지 일 체 중 생 언 어 음 성 종 종 차 별　　무 소 장 애
知一切衆生言語音聲種種差別하야 **無所障礙**하며

일체 중생의 말과 음성이 제각기 다름을 아는 데 걸림이 없으며,

결 일 체 중 생 소 유 의 문　　무 소 장 애
決一切衆生所有疑問하야 **無所障礙**하며

일체 중생의 의문을 해결하는 데 걸림이 없으며,

지일체중생제근　　무소장애
知一切衆生諸根하야 **無所障礙**하며

일체 중생의 근성을 아는 데 걸림이 없으며,

수일체중생응수화시　　실능왕부　무소장
隨一切衆生應受化時하야 **悉能往赴**에 **無所障**
애
礙하며

일체 중생이 교화를 받을 만한 때를 따라 모두 나아가는 데 걸림이 없으며,

지일체찰나라파모호율다일야시분　　무소
知一切刹那羅婆牟呼栗多日夜時分하야 **無所**
장애
障礙하며

모든 찰나와 랍바[羅婆]와 모호율다[牟呼栗多]와 낮과 밤의 시간을 아는 데 걸림이 없으며,

청량스님의 소㲻에, "구사론을 살펴보니 '시간의 지극히 작은 것을 일 찰나라 하고, 120찰나를 일 달찰나㲻利那라 하고, 60달찰나를 한 랍박臘縛이라 하였으니, 랍박은 곧 라파羅婆이다. 30라파는 한 모호율다牟呼栗多며, 모호율다는 곧 수유須臾며, 30수유가 하루의 낮과 밤이다.'라고 되어 있다."[4]고 하였다.

지 삼 세 해 유 전 차 제   무 소 장 애
知三世海流轉次第하야 **無所障礙**하며

세 세상 바다[三世海]에서 헤매는 차례를 아는 데 걸림이 없으며,

능 이 기 신   변 왕 시 방 일 체 불 찰   무 소 장
能以其身으로 **徧往十方一切佛刹**하야 **無所障**

---

[4] 按俱舍論 '時之極少, 名一刹那. 百二十刹那, 名一怛刹那. 六十怛刹那, 名一臘縛. 臘縛即是羅婆. 三十羅婆為一牟呼栗多. 牟呼栗多即是須臾. 三十須臾為一晝夜'

礙호니 何以故오 得無住無作神通力故니라

능히 이 몸으로 시방의 모든 세계를 두루 이르는 데 걸림이 없나니, 왜냐하면 머무름도 없고 짓는 일도 없는 신통한 힘을 얻은 연고입니다."

온갖 법에 걸림이 없는 것은 머무르되 머무름이 없고, 짓되 짓는 일이 없는 신통한 힘을 얻었기 때문이라고 하였다. 그래서 그 신통한 힘으로 참으로 불가사의하고 기기묘묘한 일들을 펼쳐 보인다.

(2) 신통한 힘으로 중생을 교화하다

善男子야 我以得此神通力故로 於虛空中에 或行或住하며 或坐或臥하며 或隱或顯하며 或現一身하며 或現多身하며

"선남자여, 나는 이 신통한 힘을 얻었으므로 허공중에서 다니고 머물고 앉고 눕기도 하며, 혹은 숨고 나타나기도 하고, 한 몸도 나타내고 여러 몸을 나타내기도 합니다."

이와 같이 불가사의하고 기기묘묘한 신통이 있다면 중생들을 교화하고 조복하는 데 얼마나 훌륭한 방편이 되며, 얼마나 많은 사람들을 제도하여 정직하고 선한 행의 길과 불법의 길로 이끌었을까 하는 생각을 한두 번 해 본 것이 아니었는데 선주비구가 그 마음을 알아 이러한 신통을 나타내 보인 것이다.

천도장벽 유여허공   어허공중 결가부
穿度牆壁을 **猶如虛空**하며 **於虛空中**에 **結跏趺**
좌   왕래자재   유여비조   입지여수   이
坐하야 **往來自在**를 **猶如飛鳥**하며 **入地如水**하며 **履**
수여지
水如地하며

"장벽을 뚫고 나가기를 마치 허공처럼 하고, 공중에서 가부좌하고 앉아서 자유롭게 가고 오는 것을 나는 새와 같이 하며, 땅 속에 들어가기를 물과 같이 하고, 물을 밟고 가기를 땅과 같이 합니다."

훌륭하십니다, 선주비구여. 장하십니다, 선주비구여. 부럽습니다, 선주비구여. 이 신통을 함께 사용하는 방법은 없습니까?

徧身上下에 普出煙焰을 如大火聚하며 或時에 震動一切大地하며 或時에 以手摩觸日月하며 或現其身이 高至梵宮하며

"온몸의 아래와 위에서 두루 연기와 불꽃이 나는 것이 불더미 같으며, 어떤 때는 모든 땅을 진동케 하고, 어떤 때는 손으로 해와 달을 만지기도 하고, 혹은 키가

커서 범천의 궁전에까지 이르기도 합니다."

<small>혹현소향운　　혹현보염운　　혹현변화운</small>
或現燒香雲하며 **或現寶焰雲**하며 **或現變化雲**하며

<small>혹현광망운　　개실광대　　미부시방</small>
或現光網雲호대 **皆悉廣大**하야 **彌覆十方**하며

"혹은 사르는 향 구름을 나타내고, 혹은 보배 불꽃 구름을 나타내고, 혹은 변화하는 구름을 나타내고, 혹은 광명 그물 구름을 나타내는 것이 모두 넓고 커서 시방세계를 두루 덮기도 합니다."

<small>혹일념중　　과어동방일세계이세계　　백세</small>
或一念中에 **過於東方一世界二世界**와 **百世**

<small>계천세계백천세계　　내지무량세계　　내지불</small>
界千世界百千世界와 **乃至無量世界**와 **乃至不**

<small>가설불가설세계</small>
可說不可說世界하며

"혹은 한 생각 동안에 동방으로 한 세계를 지나가고,

두 세계와 백 세계와 천 세계와 백천 세계와 한량없는 세계와 말할 수 없이 말할 수 없는 세계를 지나기도 합니다."

혹과염부제미진수세계 혹과불가설불가
或過閻浮提微塵數世界하며 **或過不可說不可**
설불찰미진수세계 어피일체제불국토 불
說佛刹微塵數世界하야 **於彼一切諸佛國土**의 **佛**
세존전 청문설법 일일불소 현무량불찰
世尊前에 **聽聞說法**호대 **一一佛所**에 **現無量佛刹**
미진수차별신 일일신 우무량불찰미진수
微塵數差別身하며 **一一身**에 **雨無量佛刹微塵數**
공양운
供養雲하노니

"혹은 염부제의 미진수 세계도 지나가고, 말할 수 없이 말할 수 없는 세계의 미진수 세계를 지나가기도 하면서 그 모든 세계의 부처님 세존 앞에서 법을 듣기도 하며, 낱낱 부처님 계신 데서 한량없는 세계의 미진수같이 차별한 몸을 나타내고, 낱낱 몸마다 한량없는 세계의 미진수 공양 구름을 비처럼 쏟아 내리기도 합니다."

소위일체화운 일체향운 일체만운 일체
所謂一切華雲과 **一切香雲**과 **一切鬘雲**과 **一切**

말향운 일체도향운 일체개운 일체의운
末香雲과 **一切塗香雲**과 **一切蓋雲**과 **一切衣雲**과

일체당운 일체번운 일체장운
一切幢雲과 **一切幡雲**과 **一切帳雲**이라

"이른바 모든 꽃 구름과, 모든 향 구름과, 모든 화만 구름과, 모든 가루향 구름과, 모든 바르는 향 구름과, 모든 일산 구름과, 모든 옷 구름과, 모든 당기 구름과, 모든 번기 구름과, 모든 휘장 구름과,

이일체신운 이위공양 일일여래 소
以一切身雲으로 **而爲供養**하야 **一一如來**의 **所**

유선설 아개수지 일일국토 소유장엄
有宣說을 **我皆受持**하고 **一一國土**의 **所有莊嚴**을

아 개 억 념
我皆憶念하며

　모든 몸 구름으로 공양하고, 낱낱 여래께서 말씀하시는 법을 내가 모두 받아 지니고 낱낱 국토에 있는 장엄을 내가 모두 기억합니다."

여 동 방　　　남 서 북 방　　　사 유 상 하　　　역 부 여 시
如東方하야 **南西北方**과 **四維上下**도 **亦復如是**
　　여 시 일 체 제 세 계 중　　　소 유 중 생　　　약 견 아 형
호니 **如是一切諸世界中**에 **所有衆生**이 **若見我形**
　개 결 정 득 아 뇩 다 라 삼 먁 삼 보 리
하면 **皆決定得阿耨多羅三藐三菩提**하며

　"동방에서와 같이 남방과 서방과 북방과 네 간방과 상방과 하방도 또한 다시 이와 같으며, 이와 같은 일체 모든 세계에 있는 중생들이 만약 내 몸을 보면 반드시 아뇩다라삼먁삼보리를 얻을 것입니다."

　보살의 크나큰 서원은 어떤 신통을 나타내어 어떤 특정

한 장소와 특정한 시간과 특정한 사람만 교화하고 조복하는 것이 아니다. 동방에서와 같이 남방과 서방과 북방과 네 간방과 상방과 하방에서도 꼭 같이 교화하고 조복한다.

彼^피諸^제世^세界^계一^일切^체衆^중生^생을 我^아皆^개明^명見^견하고 隨^수其^기大^대小^소
勝^승劣^렬苦^고樂^락하야 示^시同^동其^기形^형하야 敎^교化^화成^성就^취하며 若^약有^유衆^중
生^생이 親^친近^근我^아者^자면 悉^실令^령安^안住^주如^여是^시法^법門^문이로다

"저 모든 세계의 모든 중생을 내가 다 분명하게 보고, 그들의 크고 작고, 잘나고 못나고, 괴로워하고 즐거워함을 따라 그 형상과 같은 몸으로 교화하여 성취하게 하며, 만약 어떤 중생이 나를 친근하는 이가 있으면 모두 이와 같은 법문에 편안히 머무르게 될 것입니다."

위와 같은 서원들을 일찍이 나옹懶翁스님은 한마디로 "나의 이름을 듣는 사람은 지옥과 아귀와 축생의 삼악도를 면

하고, 나의 모습을 보는 사람은 해탈을 얻어지이다."[5]라고 발원하였다.

3) 자기는 겸손하고 다른 이의 수승함을 추천하다

善男子야 我唯知此普速疾供養諸佛成就衆
生無礙解脫門이어니와 如諸菩薩은 持大悲戒와 波
羅蜜戒와 大乘戒와 菩薩道相應戒와

"선남자여, 나는 다만 모든 부처님께 널리 공양하고 중생들을 빨리 성취시키는 데 걸림 없는 해탈문만을 알거니와, 저 모든 보살들은 크게 가엾이 여기는 계행戒行과, 바라밀다 계행과, 대승의 계행과, 보살의 도와 서로 응하는 계행과,

---

5) 聞我名者免三途 見我形者得解脫.

무장애계   불퇴타계   불사보리심계   상
無障礙戒와 **不退墮戒**와 **不捨菩提心戒**와 **常**

이불법   위소연계   어일체지   상작의계   여
以佛法으로 **爲所緣戒**와 **於一切智**에 **常作意戒**와 **如**

허공계   일체세간무소의계
虛空戒와 **一切世間無所依戒**와

　　장애가 없는 계행과, 물러가지 않는 계행과, 보리심을 버리지 않는 계행과, 항상 불법으로 상대할 이를 위하는 계행과, 온갖 지혜에 항상 뜻을 두는 계행과, 허공 같은 계행과, 모든 세간에 의지함이 없는 계행과,

무실계   무손계   무결계   무잡계   무탁계
無失戒와 **無損戒**와 **無缺戒**와 **無雜戒**와 **無濁戒**와

무회계   청정계   이진계   이구계   여시공
無悔戒와 **淸淨戒**와 **離塵戒**와 **離垢戒**하나니 **如是功**

덕   이아운하능지능설
德을 **而我云何能知能說**이리오

　　허물이 없는 계행과, 손해가 없는 계행과, 모자라지 않는 계행과, 섞이지 않는 계행과, 흐리지 않은 계행과,

후회함이 없는 계행과, 청정한 계행과, 티끌을 여읜 계행과, 때를 여읜 계행을 가지나니, 이와 같은 공덕이야 내가 어떻게 알며 어떻게 말하겠습니까."

선주비구는 특별히 다른 선지식의 계행에 대해서 소개하고, 자신은 그와 같은 계행을 가지는 수승한 공덕에 대해서는 알 수도 없으며 말할 수도 없다고 겸손하였다.

4) 다음 선지식 찾기를 권유하다

善男子야 從此南方에 有國하니 名達里鼻茶요 城
선 남 자   종 차 남 방   유 국   명 달 리 비 다   성

名은 自在며 其中에 有人하니 名曰彌伽니 汝詣彼問
명   자 재   기 중   유 인   명 왈 미 가   여 예 피 문

호대 菩薩이 云何學菩薩行이며 修菩薩道리잇고하라
    보 살   운 하 학 보 살 행   수 보 살 도

時에 善財童子가 頂禮其足하며 右繞瞻仰하고 辭退
시   선 재 동 자   정 례 기 족   우 요 첨 앙   사 퇴

이 행
而行하니라

 "선남자여, 여기에서 남방에 한 나라가 있으니 이름이 달리비다達里鼻茶요, 그 나라에 자재自在라는 성城이 있고, 그 성 중에 사람이 있는데 이름은 미가彌伽이니라. 그대는 그에게 가서 '보살이 어떻게 보살의 행을 배우며 보살의 도를 닦습니까?'라고 물으십시오." 그때에 선재동자는 그의 발에 예배하고 오른쪽으로 돌고 우러르면서 하직하고 물러갔습니다.

 선주비구가 다음의 선지식 찾기를 권유하는 내용이다. 청량스님의 소疏에 "제5 다음의 선지식을 가리켜 보인 것은 곧 생귀주生貴住 선지식이다. 나라의 이름이 달리비다達里鼻茶인 것은 여기 말로는 소륭消融이다. 이를테면 성인의 가르침으로부터 잘못 알고 있는 것을 녹여 버리는 까닭이다. 성의 이름이 자재自在인 것은 과거 현재 미래의 불법을 잘 알아서 닦아 익혀 원융함을 얻은 까닭이다."[6]라고 하였다.

---

6) 第五, 指示後友 : 卽生貴住善友.【國名達里鼻茶】, 此云消融. 謂從聖敎生消謬解故.【城名自在】, 於三世佛法了知修習得圓滿故.

여기까지 입법계품의 지말법회에서 선재동자가 53선지식을 찾아가는 내용 가운데 그 네 번째 선지식을 찾아 친견하는 것을 마쳤다.

입법계품 3 끝

〈제62권 끝〉

華嚴經 構成表

分次	周次			內容	品數	會次
舉果勸樂生信分 (信)	所信因果周			如來依正	世主妙嚴品 第一 如來現相品 第二 普賢三昧品 第三 世界成就品 第四 華藏世界品 第五 毘盧遮那品 第六	初會
修因契果生解分 (解)	差別因果周	差別因		十信	如來名號品 第七 四聖諦品 第八 光明覺品 第九 菩薩問明品 第十 淨行品 第十一 賢首品 第十二	二會
				十住	昇須彌山頂品 第十三 須彌頂上偈讚品 第十四 十住品 第十五 梵行品 第十六 初發心功德品 第十七 明法品 第十八	三會
				十行	昇夜摩天宮品 第十九 夜摩天宮偈讚品 第二十 十行品 第二十一 十無盡藏品 第二十二	四會
				十迴向	昇兜率天宮品 第二十三 兜率宮中偈讚品 第二十四 十迴向品 第二十五	五會
				十地	十地品 第二十六	六會
				等覺	十定品 第二十七 十通品 第二十八 十忍品 第二十九 阿僧祇品 第三十 如來壽量品 第三十一 菩薩住處品 第三十二	七會
		差別果		妙覺	佛不思議法品 第三十三 如來十身相海品 第三十四 如來隨好光明功德品 第三十五	
	平等因果周	平等因			普賢行品 第三十六	
		平等果			如來出現品 第三十七	
托法進修成行分 (行)	成行因果周			二千行門	離世間品 第三十八	八會
依人證入成德分 (證)	證入因果周			證果法門	入法界品 第三十九	九會

(資料：文殊經典研究會)

會場	放光別	會主	入定別	說法別舉
菩提場	遮那放齒光眉間光	普賢菩薩為會主	入毘盧藏身三昧	如來依正法
普光明殿	世尊放兩足輪光	文殊菩薩為會主	此會不入定．信未入位故	十信法
忉利天宮	世尊放兩足指光	法慧菩薩為會主	入無量方便三昧	十住法門
夜摩天宮	如來放兩足趺光	功德林菩薩為會主	入菩薩善思惟三昧	十行法門
兜率天宮	如來放兩膝輪光	金剛幢菩薩為會主	入菩薩智光三昧	十迴向法門
他化天宮	如來放眉間毫相光	金剛藏菩薩為會主	入菩薩大智慧光明三昧	十地法門
再會普光明殿	如來放眉間口光	如來為會主	入刹那際三昧	等妙覺法門
三會普光明殿	此會佛不放光．表行依解法依解光故	普賢菩薩為會主	入佛華莊嚴三昧	二千行門
祇陀園林	放眉間白毫光	如來善友為會主	入獅子頻申三昧	果法門

 如天 無比

1943년 영덕에서 출생하였다. 1958년 출가하여 덕흥사, 불국사, 범어사를 거쳐 1964년 해인사 강원을 졸업하고 동국역경연수원에서 수학하였다. 10여 년 선원생활을 하고 1976년 탄허스님에게 화엄경을 수학하고 전법, 이후 통도사 강주, 범어사 강주, 은해사 승가대학원장, 대한불교조계종 교육원장, 동국역경원장, 동화사 한문불전승가대학원장 등을 역임하였다.

현재 부산 문수선원 문수경전연구회에서 150여 명의 스님과 300여 명의 재가 신도들에게 화엄경을 강의하고 있다. 또한 다음 카페 '염화실 (http://cafe.daum.net/yumhwasil)을 통해 '모든 사람을 부처님으로 받들어 섬김으로써 이 땅에 평화와 행복을 가져오게 한다.'는 인불사상(人佛思想)을 펼치고 있다.

저서로 『무비스님의 왕복서 강설』, 『무비스님이 풀어 쓴 김시습의 법성게 선해』, 『법화경 법문』, 『신금강경 강의』, 『직지 강설』(전 2권), 『법화경 강의』(전 2권), 『신심명 강의』, 『임제록 강설』, 『대승찬 강설』, 『유마경 강설』, 『당신은 부처님』, 『사람이 부처님이다』, 『이것이 간화선이다』, 『무비 스님과 함께하는 불교공부』, 『무비 스님의 중도가 강의』, 『일곱 번의 작별인사』, 무비 스님이 가려 뽑은 명구 100선 시리즈(전 4권) 등이 있고 편찬하고 번역한 책으로 『화엄경(한글)』(전 10권), 『화엄경(한문)』(전 4권), 『금강경 오가해』 등이 있다.

대방광불화엄경 강설 제62권

| 초판 1쇄 발행_ 2017년 6월 15일
| 초판 2쇄 발행_ 2019년 3월 14일

| 지은이_ 여천 무비(如天 無比)
| 펴낸이_ 오세룡
| 편집_ 박성화 손미숙 정선경 이연희
| 기획_ 최은영 권미리
| 디자인_ 고혜정 김효선 장혜정
| 홍보 마케팅_ 이주하
| 펴낸곳_ 담앤북스
　　　서울특별시 종로구 새문안로3길 23 경희궁의 아침 4단지 805호
　　　대표전화 02)765-1251 전송 02)764-1251 전자우편 damnbooks@hanmail.net
　　　출판등록 제300-2011-115호
| ISBN   979-11-87362-84-5   04220

정가 14,000원

ⓒ 무비스님 2017

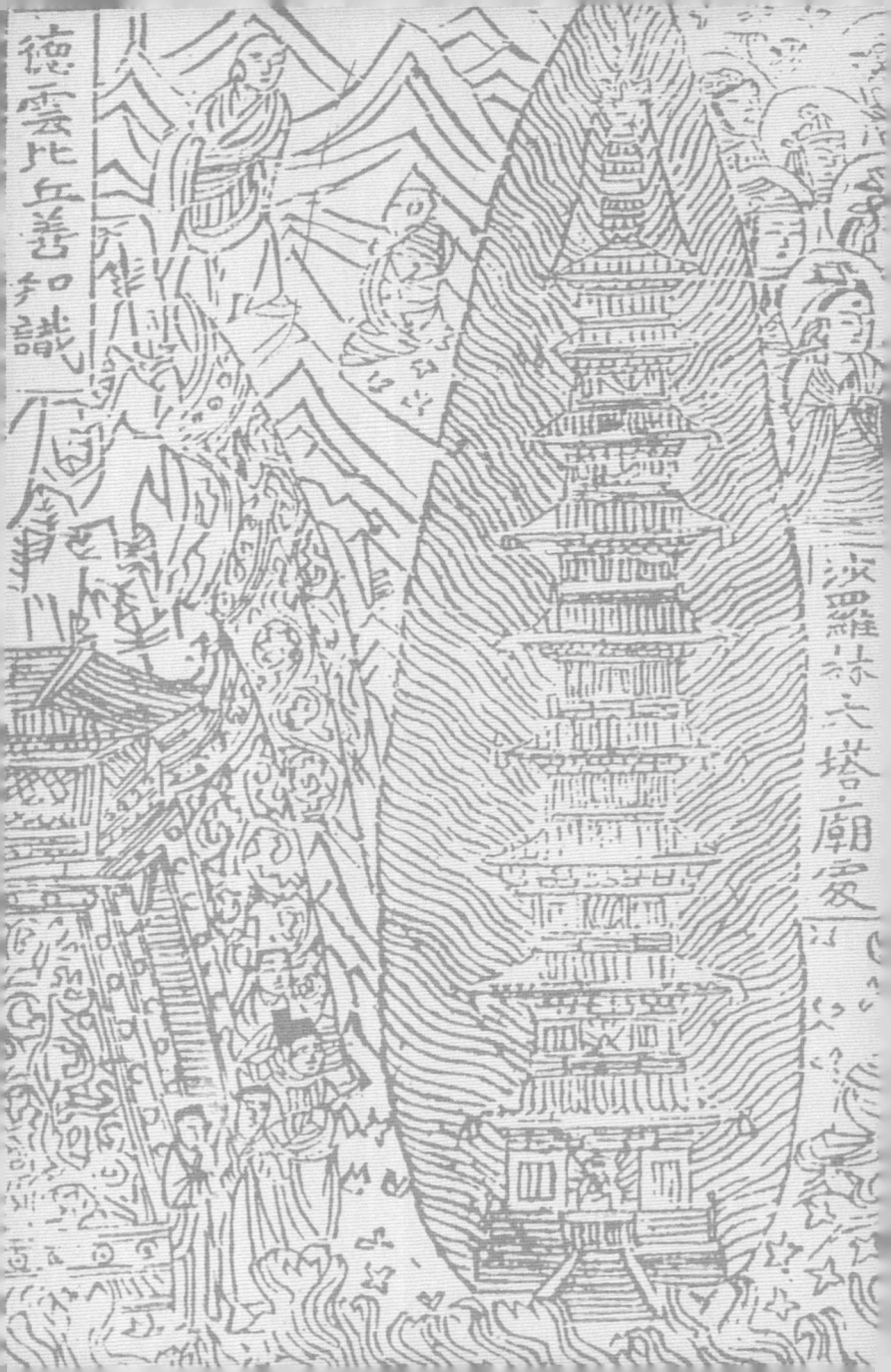